# LUIS PALAU

# No Te Dejaré Hasta Que Seas Perfecto

## BETANIA

*Un Sello de Editorial Caribe*

© 1996 **EDITORIAL CARIBE**
*Una división de Thomas Nelson*
P.O. Box 141000
Nashville, TN 37214-1000, EE.UU.

Título del original en inglés:
*The Peter Promise*
© 1996 por *Luis Palau*
Publicado por *Discovery House Publishers*

ISBN: 0-88113-453-8

Impreso en EE.UU.
Printed in U.S.A.

E-mail: caribe@editorialcaribe.com
5ª Impresión
www.caribebetania.com

# CONTENIDO

(gráfico)
La redención ilustrada en la vida de Simón Pedro
(Insertar gráfico adjunto)
La línea A es el nivel de la vida cristiana madura, controlada por el Espíritu Santo. La redención es la obra de Dios por la cual el hombre es llevado del nivel inferior al superior; a un nivel donde prima la voluntad de Dios, su amor, la gloria divina. También el bienestar de otros, en contraposición a la antigua vida de egoísmo.
La línea B representa el nivel de vida cuya característica principal es el egoísmo. Es el plano de la vida carnal que se manifiesta en los no creyentes y en los cristianos carnales.
1. Primer encuentro entre Pedro y Cristo. Cristo proclama: «Tú eres...» (convicción) y «tú serás...» (esperanza). Juan 1:40-42
2. «Aléjate de mí, Señor, que soy demasiado pecador para estar junto a ti». Pedro ve el interior de su corazón y recibe la salvación al rendirle a Cristo su voluntad. Lucas 5:4-11
3. Pedro camina sobre las aguas cuando Dios lo anima a hacerlo. La obediencia es fe en acción. Mateo 14:25-31
4. ¿Quieren ustedes irse también?», pregunta Cristo. Pedro responde: «Maestro, ¿a quién iríamos?» El quiere estar con Cristo, la única esperanza para el ser humano. ¿A quién vas para obtener respuestas? Juan 6:48-69
5. «¡Tú eres el Cristo, el Mesías, el Hijo del Dios viviente!» (a) Cristo es revelado y Pedro recibe enseñanza del Espíritu Santo. (b) Se cumple la promesa de Cristo cuando le dijo: «Tú eres Pedro». (c) La comisión de Pedro es aclarada y ampliada. Mateo 16:13-20
6. El evangelio empieza a ser revelado como algo diametralmente opuesto a la naturaleza y razonamiento humanos. Pedro muestra que no está dispuesto a tomar su cruz. Mateo 16:21
7. Pedro es reprendido por su sugerencia de construir monumentos para Cristo, Moisés y Elías. Se oye una voz desde la nube: «Este es mi Hijo amado; en El me complazco. Obedézcanlo». Pedro, controla tu lengua. Mateo 17:2-8
8. ¿Cuántas veces debo perdonar a alguien?» Legalismo. Pedro, deja de contar. Mateo 18:21-22
9. ¿Qué obtendremos en cambio?» Pedro creyó que merecía una recompensa por su espiritualidad. Mateo 19:27
10. «¡Jamás permitiré que me laves los pies!», protesta Pedro, y Cristo le responde: «Si no lo hago, no podrás identificarte conmigo». Juan 13:4-11
11. Cristo predice que Pedro lo negará. Juan 13:36-37
12. Pedro empuña la espada armas carnales. Juan 18:10-11
13. La negación. Lucas 22:54-62
14. Pedro recibe nuevo llamado y comisión. Juan 21:1-19
15. Salida de Simón el discípulo y entrada de Pedro el apóstol. Juan 21:1-19
16. Pedro, no perfecto, pero sí controlado. Juan 21:1-19
(Usado con permiso de F. Renich.)

# INTRODUCCIÓN

Muchos cristianos consagrados y entusiastas me han preguntado: «Luis, quiero servir a Dios. Quiero ganar almas para Cristo, como lo hace usted. ¿Cómo consiguió la gran oportunidad para servir a Dios mediante cruzadas evangelísticas?»

No existen las grandes oportunidades para cruzadas evangelísticas ni para cualquier otro tipo de servicio a Dios. Dios nos guía de pequeñas maneras, y cada vez que lo hace, aprendemos a obedecer. Como dice el refrán: «Las puertas grandes giran sobre bisagras pequeñas». A menudo Dios usa hechos insignificantes para producir cambios grandes y de largo alcance.

Creo que la vida del apóstol Pedro demuestra claramente ese principio. Cuando Jesucristo hizo su entrada en la vida de Pedro, sus días de pecador terminaron y, a través de una serie de acontecimientos, Pedro se convirtió en un gran apóstol, el padre fundador de la Iglesia.

Un cambio similar puede suceder en tu vida. Un pequeño libro, una frase, un breve encuentro, todo eso puede cambiar el curso entero de una vida.

Hace varios años alguien me dio un folleto que anunciaba una reunión con un hombre llamado Dick Hillis, quien durante dos años había sido prisionero de los comunistas en China.

Ese mismo folleto también mencionaba a Ray Stedman, pastor de una iglesia en California. Y como yo nunca había oído predicar a un californiano, fui a escucharlo. Fue un buen mensaje, y al final de la reunión decidí ir a saludarlo. Nunca olvidaré ese momento.

Aquel simple encuentro con dos hombres cambió radicalmente el curso de mi vida. A través de Ray Stedman y del Dr. Dick Hillis, Dios abrió puertas para que dejara la Argentina y finalmente comenzara una organización evangelística. Ese contacto inicial me abrió muchas puertas para el ministerio, puertas de oportunidad que Dios nos ha dado.

Si no hubiera conocido a Ray, probablemente todavía estaría en Argentina ministrando en una pequeña asamblea, como si en el mundo no hubiera otros santos ni otros pecadores.

Piensa en tu vida y en tus circunstancias. Puede que sientas timidez o te veas limitado en tus experiencias. Tal vez te sientas abrumado por cierta clase de vida y restringido a ella. Creo que el Espíritu Santo está esperando abrirte puertas como jamás lo soñaste.

Dios está esperando cambiar tu vida con una palabra, un encuentro o un suceso aparentemente insignificante. «Las puertas grandes giran sobre bisagras pequeñas». Recuérdalo. Una pequeña reunión, una breve conversación, o quizás hasta este libro pueden llegar a abrir la puerta a nuevo futuro para ti. Esa es mi oración.

Me alegraría recibir una carta tuya, especialmente si este libro te ha resultado de ayuda. Escríbeme a:

Luis Palau
Apartado 15
Guatemala, c.p. 01901
Guatemala

# Capítulo 1

# SIMÓN, TE PRESENTO A PEDRO

No hace mucho le oí decir a una mujer: «Nunca conocí a ninguna persona que haya sido cambiada por Jesucristo».

Fue una sorpresa escuchar estas palabras de alguien que ha pasado más de doce años trabajando en la iglesia y en otros círculos cristianos. Su declaración me llegó a lo más profundo. No sé qué expectativas tiene esta mujer para con los cristianos, tal vez sean excesivas. Sin embargo, sus palabras me hicieron pensar.

Si la vida cristiana tiene que ver con la obra de transformación que hace Jesucristo en nuestra vida, debemos preguntarnos si hemos sido transformados.

¿Ha ocurrido un cambio en mi vida, en tu vida, de manera que cuando la Sra. Fulana nos mira, puede decir: «He visto el poder de Dios en esa vida. Sé que esa persona es cristiana y vive en victoria»?

Espero que estés experimentando una vida cristiana victoriosa, pero si en algo te pareces a cómo era yo, has pasado muchos días frustrantes esforzándote ante Dios. Quieres cambiar y convertirte en lo que Él quiere que seas. Le das todo, lees más la Biblia, oras más, testificas más, pero la victoria parece no llegar nunca. Te sientes derrotado y estás listo para arrojar la toalla.

Me llevó ocho años aprender la lección de que no tiene valor lo que hacemos para Dios, sino lo que Él quiere hacer en nosotros y a través de nosotros (véase Gálatas 2.20).

Esa es la lección que Jesucristo quiere enseñarnos. Jesús no nos salvó para dejarnos donde estamos. Él quiere cambiarnos de lo que éramos a lo que quiere que seamos.

Cuando Pedro encontró a Jesús, no comprendió el futuro que le aguardaba. Era un simple obrero, un hombre pobre que se ganaba la vida pescando todas las noches. Pasaba los días saliendo en su barca y remendando sus redes; hasta el día que encontró a Jesucristo. Ni siquiera sabía quién era Jesús. Su hermano Andrés se lo presentó.

Desde ese momento, Simón el pescador empezó una vida nueva.

El incidente se narra en Juan 1.40-42.

> Luego uno de aquellos hombres, Andrés, hermano de Simón Pedro, se fue hasta donde estaba éste y le dijo:
>
> —¡Hemos hallado al Mesías!
>
> Y llevó a Pedro ante Jesús. Jesús lo miró fijamente un instante.

—Tú eres Simón —le dijo al fin— el hijo de Jonás; mas de ahora en adelante te llamarás Pedro (Piedra).

Simón nunca había visto al Señor Jesús; sin embargo, en el momento en que se halló frente a Él, el Señor lo llamó por su nombre, se lo cambió a Pedro, y le hizo una promesa magnífica. Le dijo: «Cuando acabe de obrar en tu vida, Simón, hijo de Jonás, la gente no te llamará Simón, sino que te llamará Pedro, que quiere decir roca».

La vida de Pedro es un excelente ejemplo de cómo Dios obra su voluntad. En Pedro podemos ser testigos de la redención de Dios, del plan de salvación.

La redención se caracteriza por tener tres etapas: La primera es la redención pasada; la segunda, la redención presente; y por último, la redención futura.

## La redención pasada

*La redención pasada* tuvo lugar en la cruz una vez y para siempre. Tiene que ver con la culpa y el perdón de pecados. Cuando Cristo murió en la cruz, completó la obra de redención.

Hace un tiempo uno de mis sobrinos (lo llamaré Ricardo), estaba a punto de morir. Sólo tenía veinticinco años y estaba enfermo de SIDA. Durante un encuentro familiar que tuvimos, Ricardo y yo fuimos a caminar un rato.

Ricardo, sabes que estás por morir le dije. ¿Tienes vida eterna?

Tío Luis, me dijo, sé que Dios me ha perdonado y que voy a ir al cielo. Durante varios años desde su adolescencia, Ricardo había practicado la homosexualidad. Más aún, rebelándose contra Dios y sus padres había hecho alarde de su modo de vida.

Ricardo, ¿cómo puedes decir eso? le pregunté. Te rebelaste contra Dios, te burlaste de la Biblia, lastimaste a tu familia, y ahora dices que tienes vida eterna... ¿Así de simple?

Ricardo me miró a los ojos y contestó: Luis, cuando el médico anunció que yo tenía SIDA, me di cuenta de que había sido un necio. Me arrepentí de mis pecados, y sé que Dios tuvo misericordia de mí.

Un par de meses después y en medio de gran sufrimiento físico, Ricardo fue a estar con el Señor. Mi sobrino no merecía la gracia de Dios. Yo tampoco. Ninguno la merece, pero las palabras de Dios no dejan lugar a dudas: *Tan sobreabundante es su amor que, con la sangre de su Hijo, borró nuestros pecados y nos salvó* (Efesios 1.7).

Esta redención, este perdón es definitivo y gratuito; está al alcance de todo aquel que acepta a Cristo. La redención pasada garantiza a todo hombre, mujer o niño, que sus pecados son perdonados y limpiados. Garantiza que todo tu pasado, lo evidente y lo secreto, todo lo que nos condenaba ha sido perdonado y limpiado con la sangre que Cristo derramó en la cruz.

Es grandioso empezar la vida nueva después de la salvación. Esta es la redención del pasado y se obtiene a través de la sangre de la cruz.

Espero que hayas experimentado este perdón, esta redención.

## La redención futura

*La redención futura* tiene lugar cuando el Señor permite que tengamos una experiencia con Él. Él nos quitará de este lugar de pecado, el mundo, y nos hará perfectos para toda la eternidad.

Mi papá murió cuando yo tenía diez años de edad, y mi mamá dejó esta tierra a los ochenta y tres años. Aunque la muerte de ambos me causó mucha tristeza, sé que los dos fueron al cielo, a la presencia del Señor.

Esa es la esperanza de la redención futura. Un día, en la resurrección, el cuerpo resucitará de los muertos y se unirá a nuestro espíritu. En 1 Corintios 15 la Biblia declara que recibiremos un cuerpo espiritual y eterno. ¡Seremos perfectos!

Cuando seamos perfectos, no habrá más problemas, ni sufrimientos, ni rebelión, ni tentaciones; nada más nos arrastrará a la destrucción.

No habrá más pecado. La redención futura será redención definitiva.

## La redención presente

*La redención presente* es la preocupación inmediata de todos los creyentes. Por medio de la redención presente sabemos que Dios quiere cambiarnos de hombres y mujeres egocéntricos a personas controladas por el Espíritu. Él quiere librarnos de la tiranía del egocentrismo que suele hacernos egoístas, orgullosos, arrogantes, personas a quienes Dios no puede usar para obrar su voluntad.

Al considerar la vida de Pedro y considerar las cosas que le sucedieron, veremos cómo Dios obra la redención presente, y podemos aprender.

Podemos aplicar la experiencia de redención de Pedro a la vida de todo joven que cuestiona la voluntad de Dios para su futuro; a cualquier persona anciana que a su edad quizás ya no puede servir a Dios; a todos aquellos en la mediana edad que puedan haberle fallado a Dios y se sientan con deseos de abandonar todo.

En la vida de Pedro nos veremos a nosotros mismos. Al ir conociendo a este apóstol, notaremos que se parece a cada uno de nosotros. Tiene todos los defectos y debilidades que no quisiéramos tener.

Por ese motivo, el estudio de la vida de Pedro puede ser poco agradable para algunos, y hasta enojoso para otros. Sin embargo, es tan emocionante observar con atención la obra de Dios, que la vida de Pedro puede ser una gran bendición a los que quieren aprender.

## Un hipócrita sincero

Cuando era jovencito, quería verme libre de obstáculos en mi crecimiento espiritual. Pero no sabía cómo hacerlo. De modo que luego de unos meses de tratar y no conseguirlo, me convertí en un magnífico actor.

Yo sabía que sólo eran apariencias. Pero como desesperadamente deseaba ser un buen cristiano, pretendía tener gran gozo cuando en realidad me sentía de lo peor.

Tal vez creía que si pretendía y pretendía, la apariencia se convertiría en realidad. Lamentablemente las cosas no suceden de esa manera.

Me convertí en tan buen actor que las madres se acercaban a mí y me decían: Ay, Luis, si mi hijo Carlos se pareciera a ti. Sería maravilloso si él fuera tan dedicado a Dios y consagrado como tú.

Señora contestaba yo, si usted pudiera ver mi corazón, no desearía que Carlos fuera como yo.

Pero la mujer respondía: Ay, Luis, eres demasiado humilde como para reconocer tus virtudes.

En mi gran esfuerzo para ser un cristiano sincero, me las había ingeniado para impresionar tanto a otros que creían plenamente en mi actuación. Creían que yo era lo que en mi interior yo sabía que no era.

Muchos cristianos son hipócritas sinceros. Aunque la gente a menudo piensa que la hipocresía es el peor defecto que puede tener un cristiano, mucha de esas personas son hipócritas sinceras. En algún momento de nuestra vida, todos hemos sido hipócritas sinceros, incluso Pedro.

Pedro no conocía el secreto de una vida feliz, pero por cierto que daba una buena impresión con su apariencia de confianza en sí mismo. Al estudiar la vida de Pedro, descubriremos que en muchos aspectos él era el discípulo con más virtudes. Sin embargo, fue quien tuvo que aprender las lecciones más drásticas.

## PRIMER PASO

### Dios obra la redención presente

Nota dos cosas en el encuentro inicial que Pedro tuvo con Jesús. En primer lugar, el Señor vio a Pedro como el viejo hombre no redimido, y lo llamó por su antiguo nombre: Simón.

Simón Pedro era un personaje interesante. Era un hombre enérgico, vanidoso, confiado en sí mismo, gritón, impulsivo. Imaginémoslo cuando su hermano lo llevó a Jesús. Posiblemente Pedro se haya acercado con un poco de curiosidad y haya mirado a Cristo con ojos cínicos, pensando: «¿Quién será éste para conseguir que mi hermano tenga tanto interés en que yo lo conozca?»

El Señor Jesús lo miró y, por supuesto, supo todo lo que estaba pensando. Cuán sorprendente debió de ser para un hombre como Pedro que de manera tan rápida y simple Jesús demostrara conocerlo.

Tú eres Simón, hijo de Jonás dijo Jesús. Fue así como resumió todos los detalles de su vida, todas las cualidades que conformaban el carácter de Pedro, y con un nombre describió al hombre natural, al viejo hombre.

Cristo le estaba diciendo a Pedro más de lo que mostraban las apariencias. Le estaba diciendo: «Simón, yo te conozco; todavía no te has arrepentido ni has sido redimido, pero te aseguro que te humillarás totalmente ante mí. Te enseñaré a conocerte a ti mismo tal como yo te conozco».

## Promesa para el futuro

Pero Jesús no se detuvo luego de la descripción del hombre natural. Una segunda cosa tuvo lugar cuando Pedro tuvo ese encuentro con Jesús. Jesús le dijo: «*Te llamarás Pedro, "la roca"*».

Jesús podía mirar a Pedro y decirle: Escúchame, Simón, conozco todos los defectos de tu vida. Si se abrieran las puertas de tu corazón y la gente pudiera mirar adentro, echarías a correr por temor y vergüenza. Simón, yo te amo, y porque te amo, voy a tomar tu vida. Voy a redimirte, a controlarte, a moldear de tal modo tu carácter y tu vida que serás totalmente diferente. Te cambiaré a tal punto que hasta tendré que cambiar tu nombre. Te llamarás Pedro porque serás una roca capaz de ayudar a otros.

Con el poder y la dinámica de Cristo la promesa se haría realidad. Pedro fue plenamente transformado. La promesa se cumplió. Y si se cumplió en Simón, puede cumplirse en todo el que se entregue a Cristo.

Simón tenía todas las flaquezas y pecados con que nosotros luchamos; sin embargo, cuando Jesús terminó la obra, Simón era el gran apóstol Pedro.

El fundamento de nuestra esperanza lo hallamos en la promesa de Jesús a Pedro: «Tú serás...» No le dijo: «Quizás, Simón. Quizás, si te comportas como es debido...» El Señor afirmó rotundamente: «Serás una roca».

En Filipenses 1.6 leemos: *Y estoy seguro que Dios, que comenzó en ustedes la buena obra, les seguirá ayudando a crecer en su gracia hasta que la obra que realiza en ustedes quede completa en el día en que Jesucristo regrese.*

No importa cuán áspero sea ni importa lo lejos o lo bajo que pueda haber llegado. Cuando Dios interviene, hay cambios rotundos. Dios nos transforma en lo que debemos ser.

Cuando Jesús cambió el nombre de Simón, estaba mirando hacia adelante. En ese momento, Pedro estaba muy lejos de ser una roca, pero Jesús sabía que llegaría el tiempo en que Pedro y un puñado de otros discípulos transformarían el mundo con fe y poder.

## El proceso de maduración

Hace unos años, Ernesto H. era parte del comité de planeamiento de una de nuestras cruzadas evangelísticas, cuando un trágico suceso cambió su vida. Un joven policía amigo suyo murió baleado por un pandillero en un parque de la ciudad.

Pocos días después del funeral de su amigo, Ernesto dueño de una empresa de construcción estaba en una reunión de oración por la próxima cruzada, cuando el Señor habló a su corazón, diciendo: «Si no puedo enviar a mi propio pueblo para ser parte de la solución, ¿a quién voy a enviar?»

El Señor utilizó a Ernesto para movilizar a líderes denominacionales y de la comunidad a fin de trabajar buscando soluciones a los problemas de las zonas pobres de la ciudad. Pero primero tuvo que obrar en el corazón de Ernesto, revelando un lado sombrío: el prejuicio racial. Esto se hacía evidente en el trabajo. Ernesto acababa de contratar obreros adicionales todos de raza blanca para un proyecto de construcción. Cada entrevista con un hombre de color había terminado de la misma manera: «Nos comunicaremos con usted».

Como dice Ernesto: «Si Dios estaba a punto de cambiar las cosas, yo debía hacerme a un lado y permitirle que lo haga».

Ernesto y los líderes de la cruzada convocaron a una reunión a unos treinta pastores negros. La idea de Ernesto era contar con el apoyo de ellos para un encuentro juvenil en un parque de la ciudad en la zona carenciada.

Sentado en un círculo cara a cara con mayoría de personas negras, Ernesto luchaba para contener las lágrimas, con una gran convicción en su interior. Mirándolos a los ojos, Ernesto confesó sus prejuicios y su pecado, y confesó que en su empresa de construcción había actuado con parcialidad. Se arrepintió y pidió perdón.

Con tan sólo unos días de preparación, alrededor de 4000 jóvenes incluyendo a integrantes de pandillas rivales asistieron a un «encuentro de reconciliación» en un parque.

Luego, liderados por Ernesto, voluntarios recorrieron barrios pobres de la ciudad, invitando a los jóvenes a la cruzada. Hubo ómnibus que transportaron a más de 500 jóvenes al centro de convenciones. Durante la noche de la juventud en la cruzada, la multitud de 9000 personas prorrumpió en aplausos cuando tres pandilleros fueron los primeros en acercarse a la plataforma para profesar su nueva fe en Cristo.

Dios ha prometido conducirnos a la madurez, pero como aprendió Ernesto, debemos dejarle a Dios el camino libre y permitirle que obre en nosotros.

Cuando recibimos al Señor Jesús todos somos bebés espirituales. Pero cuando Cristo comienza su obra en nosotros, empezamos a crecer de la niñez a la adolescencia espiritual, y luego a la madurez en Jesucristo porque Él está obrando en nuestros corazones.

En 1 Tesalonicenses 5.24 hallamos la siguiente promesa: *Dios, que los llamó a ser hijos suyos, lo hará conforme a su promesa.* Dios promete hacer su obra de redención presente en nosotros. Él habrá de conducirnos a la madurez.

Quizás alguno pueda pensar: «Si usted me conociera, Luis, no afirmaría esto tan fácilmente. Tengo pasiones tan arraigadas y una mente tan pervertida que no puedo enderezarme».

Tienes razón. Tú mismo no puedes convertirte en la persona que debes ser. Sin embargo, si le permites el control a Jesucristo, que vive en ti, Él mismo lo llevará a cabo. Él nos ha dado su palabra.

¿Has oído la voz de Jesucristo tal como Pedro la oyó? ¿Qué te ha prometido Dios? Él te conoce, así como conocía a Pedro; y puede cambiarte, como lo hizo con él. Quiere obrar en tu vida; quiere transformar al mundo a través de ti.

Dios puede cambiarte seas joven o viejo, rico o pobre. Si Dios te ha hablado, puedes estar seguro de que hará lo que ha prometido. Puedes saber de antemano que te transformará, cambiará tu nombre, y te hará una persona nueva.

## Capítulo 2

# EMPIEZA A CAMINAR
# SOBRE EL AGUA

A Dios le encanta cambiar el mundo obrando a través de la gente. Nuevamente me di cuenta de esta verdad durante nuestro festival evangelístico de Pascua en Katmandú, Nepal.

Durante siglos este remoto país escondido en los Himalayas entre India y China casi no contaba con testimonio del evangelio. En 1960 había sólo veinticinco cristianos bautizados. Desde la revolución de 1990, que resultó en democracia y libertad religiosa para Nepal, el tamaño de la iglesia ha aumentado hasta alrededor de 150.000.

La gente puede rastrear el origen de la llegada del evangelio a Nepal a unos pocos hombres y mujeres. Un nepalí era quien hablaba de Jesucristo con aquellos que iban de uno a otro lado de la frontera en tiempos cuando el gobierno prohibía la evangelización.

Este hombre se acercaba a quienes descendían del tren que llegaba de India, y les hablaba de Jesucristo mientras esperaban el carretón que los llevara a Nepal.

En forma lenta pero segura, un creciente número de hombres y mujeres comenzaron a creer en Jesús, a recibirlo como Salvador. Yo descubrí que hoy muchos de los líderes cristianos en Nepal son el fruto de la labor de este hombre.

Al Señor le encanta obrar a través de la gente, pero sólo puede obrar a través de quienes están dispuestos a ser cambiados. Gente como Simón Pedro y gente como tú y yo podemos ser usados por Dios para hacer cosas asombrosas. Pero antes que el Señor pueda en verdad obrar a través de nosotros, debe pulirnos.

Eso es lo que aprendimos del encuentro inicial de Pedro con Jesús en Juan 1.42. El Señor sabía todo acerca de Pedro y acerca de los secretos de Pedro. Pero Jesús prometió cambiarlo, llevarlo a la madurez y usarlo en gran manera.

Dios puede usarnos desde el momento en que nos hacemos cristianos. Pero todos tenemos actitudes y hábitos nada deseables que Dios debe cambiar antes de poder usarnos de manera extraordinaria.

## Nacido para crecer

Después que su entrenador le dijo lo que Jesús había hecho por él en la cruz, Eugenio R., jugador de fútbol profesional, confió en Jesucristo como su Salvador.

Inmediatamente el pedido de Eugenio a su entrenador fue: «Quiero que me enseñe los aspectos fundamentales del cristianismo».

Eugenio conocía la importancia de aprender los aspectos básicos. En cualquier deporte, lo fundamental es esencial si uno quiere ser triunfador en ese deporte. Un jugador de fútbol debe aprender a patear la pelota, cabecear, hacer pases, gambetear, hacer goles y conocer las reglas del juego a fin de desempeñarse con éxito.

Lo mismo sucede en el cristianismo. Nacemos a la familia de Dios como bebés espirituales, y debemos aprender, desarrollarnos y crecer a fin de poder convertirnos en cristianos victoriosos.

Es triste, pero muchos cristianos parecen vivir siempre como bebés en Cristo. Y a menos que aprendan los aspectos fundamentales y permitan que Cristo los lleve a la madurez, seguirán siendo bebés espirituales.

Tú y yo conocemos a miles de cristianos que son niños espirituales. Humanamente pueden tener cuarenta, sesenta o incluso ochenta años, pero espiritualmente continúan actuando como niños tanto en la iglesia como en el hogar. Siguen teniendo rabietas: tiran cosas, dejan de hablar con ciertas personas, andan a los gritos cuando las cosas no son como ellos quieren.

Todos comenzamos la vida cristiana como bebés espirituales, y no hay nada de malo en eso. Dios no espera que inmediatamente nos convirtamos en gigantes en la fe. La madurez es un proceso.

Pedro fue de la inmadurez a la madurez espiritual. Después de encontrarse con Jesús, Pedro fue un bebé espiritual; pero creció como cristiano, y finalmente vemos a un apóstol lleno del Espíritu Santo.

Pedro tropezó y cayó, tal como ocurre a todos los cristianos; pero por la gracia de Dios se levantó y continuó su camino a la perfecta madurez.

## EL SEGUNDO PASO

### Dios controla las circunstancias de la vida

Recuerdo haber conversado con un estudiante universitario de veinte años quien me contó una historia que resultó familiar. Lo que me molesta grandemente confesó, es que recibí a Cristo como mi Salvador, pero tengo los mismos problemas que tenía antes. No tengo victoria. Cuando le pregunto a otros creyentes cuál es la solución, me dicen que lea más la Biblia, que ore más y que testifique más. Lo he estado haciendo, pero sin embargo aún no he encontrado el secreto de la verdadera victoria. Parece que mi vida se reduce a luchar, luchar y luchar. No es una experiencia agradable. Jesús es mi Salvador, pero no siento que sea real en mi vida. Quisiera sentir que Él está vivo en mí, que está aquí controlándome y dirigiéndome mientras trato de caminar con Dios.

Esta también fue la experiencia de Pedro. Él no comprendía que Jesús podía controlar y dirigir su vida. No lo comprendía hasta tanto Dios intervino. Como en el caso de Pedro, Dios a menudo necesita despertarnos con alguna experiencia dramática antes que podamos ver que Jesucristo puede ser una realidad en nuestra vida.

En Lucas 5.4-11, Pedro da el segundo paso hacia la madurez, un paso que yo llamo providencia, o bien circunstancias controladas por Dios.

Cuando [Jesús] terminó de hablar, dijo a Simón:
Gracias. Ahora vete un poco más hacia el centro y tira las redes, que vas a pescar muchísimos peces.
Señor le respondió Simón, nos hemos pasado la noche entera trabajando y no hemos pescado nada. Pero si tú lo dices...

Cuando trató de sacar la red era tan grande la pesca que la red se rompía. Tuvieron que hacer señas a los compañeros que estaban en la otra barca para que corrieran a ayudarlos y aun así las dos barcas se llenaron casi hasta el punto de hundirse.

Cuando Simón Pedro se dio cuenta cabal de lo sucedido, se tiró de rodillas ante Jesús y le dijo:

Aléjate de mí, Señor, que soy demasiado pecador para estar junto a ti.

Ni él ni los demás compañeros salían del asombro que les produjo aquella pesca milagrosa. Y lo mismo sucedió a sus socios Jacobo y Juan, hijos de Zebedeo.

No temas le respondió Jesús. De ahora en adelante te dedicarás a pescar hombres.

Tan pronto desembarcaron, lo abandonaron todo y se fueron con Él.

## Quebrantamiento de corazón

En su segundo encuentro con Cristo, Pedro *pudo ver su propio corazón*. Después de esa pesca milagrosa, Simón cayó a los pies de Jesús diciéndole:

*Aléjate de mí, Señor, que soy demasiado pecador para estar junto a ti.*

Pedro comprendió que, tal como él se veía, no era digno de estar con Jesús. Al principio, cuando Jesús le pidió que echara las redes al mar, había dudado. Pero cuando ocurrió el milagro de los peces, su corazón sincero lo impulsó a caer de rodillas en absoluta sumisión.

Cada uno de nosotros debe llegar al punto de darse cuenta de la pecaminosidad de su corazón. En Spokane, estado de Washington, después de una reunión evangelística tuve una conversación con un muchachito de doce años, quien me preguntó: Señor Palau, ¿cree usted que Dios puede perdonar a un pecador corrompido y despreciable? ¿Acaso un chico de doce años puede ser un pecador corrompido? fue lo primero que pensé. Le pedí que se explicara mejor. Por las noches se escapaba de su casa para tener relaciones homosexuales con un amigo suyo. Su madre no sabía ni a dónde iba ni qué hacía. Él estaba convencido de que Dios nunca podría perdonarlo; y esto le partía el corazón.

Este jovencito había confrontado su pecaminosidad y su necesidad de salvación. No se creía una persona buena. Esta es la actitud a la que debemos llegar.

Verdaderos cristianos se han enfrentado a la necesidad de salvación y han pedido perdón. Sin embargo, muchas personas no lo han hecho. Se niegan a reconocer la maldad que hay en su corazón y se muestran resentidos cuando alguien les dice que son pecadores.

Recuerdo a un joven en Alaska que está preso. A los diecisiete años y borracho, cruzó una luz roja con su automóvil y mató a dos mujeres. Uno pensaría que esta persona recibiría agradecida la oferta de perdón. Pues no. Inició una demanda legal contra el negocio que le vendió las bebidas alcohólicas. La demanda pide compensación por la pérdida monetaria que sufrió como resultado de su encarcelamiento, y pide compensación por el daño emocional que sufrió.

Quien no ha descubierto lo que descubrió Pedro, no puede llegar muy lejos con Dios. Hasta tanto nos damos cuenta de nuestra maldad, malicia, la corrupción de nuestro corazón, no podremos encontrar a Dios de una manera viva y real.

Mientras continuemos creyendo que, después de todo, no somos tan malos, mientras continuemos pensando que podemos seguir viviendo por las nuestras, estamos perdidos. Pero en el momento en que caemos de rodillas en humildad y le pedimos perdón, Él perdonará... no importa cuánta maldad o corrupción haya en nosotros.

Como sucedió con Pedro, debemos comprender que estamos perdidos. Cuando estamos quebrantados de corazón y sentimos que Dios no podría perdonarnos, allí es cuando Dios puede obrar.

## La confirmación del llamado

En este segundo encuentro que tuvo con Cristo, Pedro no sólo vio un poco de su propio corazón, sino que también *vio un poco de lo que Dios haría en él,* pues en el v. 10 Jesús le declara: *No temas. De ahora en adelante te dedicarás a pescar hombres.*

La primera vez que el Señor tuvo un encuentro con Pedro sólo le dio una idea muy general de lo que habría de suceder. «Voy a obrar en ti, Pedro, y serás Pedro, una roca». Pero en el segundo encuentro, empieza a detallarle la misión de su vida. «No temas, Pedro; desde ahora serás pescador de hombres». Comenzó a especificar lo que deseaba hacer en la vida de Pedro.

Cuando Cristo toma nuestra vida, promete perdonarnos, bendecirnos y hacernos crecer hasta la madurez. Luego, poco a poco, empieza a señalar y a clarificar lo que hará con nuestra vida.

Recuerdo cuando a los diecisiete años escuché un programa radial por onda corta de la emisora HCJB en Quito, Ecuador. No oí el nombre del predicador, pero oí que invitaba a la gente a ir a Cristo. Lo hacía con una voz vibrante, un tanto aguda, pero entusiasta. Todo el programa fue emocionante. Luego me di cuenta de que había estado escuchando a Billy Graham.

Allí en la sala de mi casa, hice esta oración: «Jesús, úsame en la radio alguna vez para hacer que otros vayan a ti. Este programa, Señor, ha afirmado mi resolución de vivir para ti».

En aquel momento yo no sabía que un día habría de predicar a millones de personas en cientos de estaciones radiales en todo el mundo. Dios me hizo vislumbrar el plan que tenía para mi vida.

Pedro estaba arrodillado, pensando que Cristo iba a rechazarlo porque era un pecador; sin embargo, Cristo confirmó el llamamiento de Pedro. En el primer encuentro, Jesús le hizo una promesa; en el segundo, trazó un plan para su vida.

## Entrega de la voluntad

El encuentro con Jesús termina en una tercera respuesta por parte de Pedro. *Él respondió con una total entrega de su voluntad.* En el v. 11 Pedro hace algo maravilloso que muchos cristianos han hecho desde entonces: *Tan pronto desembarcaron, lo abandonaron todo y se fueron con Él.*

Cuando Jim Montgomery era misionero en las Filipinas, empezó a soñar con un increíble plan de discipular a naciones enteras. Lo llamó «Amanecer».[1] Su idea era establecer iglesias cerca de donce viviera cada persona en esa nación.

Escribió muchas cartas, pero nadie se decidía a apoyar económicamente este plan porque parecía ser demasiado grande e idealista. Sin embargo, Jim no abandonaba el sueño. Este seguía creciendo en su alma.

Jim regresó a los Estados Unidos, vendió su casa y así obtuvo los fondos para comenzar el programa Amanecer. Cuando me enteré de lo que había hecho, pensé: «El Señor va a honrar a

---

1. Estrategia Amanecer, para el discipulado de toda una nación.

Jim». Y lo ha hecho. Amanecer se ha extendido a Africa, América Latina, Asia y Europa.

Jim empezó todo con un sacrificio silencioso por amor a Jesucristo, y Dios lo utilizó en gran manera.

Tal vez hoy tengas fuego en el corazón deseando ganar a la gente para Jesucristo. Tal vez tengas un plan o un programa que sabes Dios podría usar para su gloria. Si Dios te está hablando, da un paso de fe y obedécelo.

Ahora bien, cuando Dios te llama, no significa que necesariamente debas vender todo lo que posees, y ofrendar el dinero. Dios puede llamarte a continuar con tu trabajo secular.

En Juan 21.3 leemos que Pedro volvió a sus barcas. ¿Cómo habría podido volver a su antiguo oficio si tres años atrás hubiera abandonado todo en forma definitiva?

La obediencia al llamamiento de Dios no requiere, automáticamente, la pobreza material. Lo importante es la plena entrega del corazón y del espíritu cuando Jesús te habla. Esta fue la entrega de Pedro. Alguna otra persona tendría que cuidar de las barcas y redes mientras él viajaba con Jesús. ¡Su negocio podía esperar; Jesús no!

## En equipo con Dios

Tres cosas importantes ocurrieron con Pedro. Ahora él está por aprender una cuarta: *el fruto que resulta de trabajar en equipo con Dios.*

En Lucas 5.5-7 Jesús reconoce los dones y habilidades de Pedro diciéndole: «Pedro, eres un buen pescador; pero si tú y yo empezamos a trabajar juntos, no habrá límites a lo que Dios pueda hacer a través de ti. Los frutos en tu vida serán ilimitados».

¡Qué gran lección para cada cristiano! La mayoría de nosotros creemos que cuando recibimos a Cristo lo único que debemos hacer es arremangarnos y empezar a trabajar arduamente para el Señor.

Después de que en una conferencia hube hablado sobre el trabajo en equipo que podemos hacer con Jesús, un anciano misionero me dijo:

Luis, he trabajado en la obra más de cuarenta años. Trabajé para Dios tanto como pude, y el resultado ha sido poco más que frustración. Ahora veo por qué. Hasta hoy no había sabido lo que significa permitir que el Cristo resucitado viva en mí.

Muchas personas sinceras prometen servir a Cristo con todo su ser. A menudo durante un momento emocional o un culto dinámico e inspirador, prometen fidelidad, consagración, dedicación, devoción y amor. Pero en pocos meses o tal vez años son como un globo desinflado. ¡Parecía tan grande y hermosa la consagración cristiana! De repente comenzó a desinflarse y quedó en la nada.

¿Por qué? Porque esas personas todavía no han aprendido lo que Dios le enseñó a Pedro y está tratando de enseñarnos a nosotros: que no podemos hacer las cosas solos. En Juan 15.5 Él dice: *Sí, yo soy la vid; ustedes son las ramas. Cualquiera que viva en mí y yo en él producirá una gran cantidad de frutos, pero separado de mí nadie puede hacer nada.*

Para quienes tienen una buena educación, proceden de un buen hogar cristiano y conocen bastante la Biblia, esta lección es particularmente difícil.

Creen que saber de memoria bastantes versículos de la Biblia, estudiar libros de reconocidos teólogos y dedicarse al trabajo en la iglesia es todo lo que se necesita para vivir una vida cristiana fructífera y satisfactoria.

## Controlado por el Espíritu Santo

Pasaron muchos años antes que yo aprendiera a confiar en el poder de Cristo que vive en mí. Recibí a Cristo cuando tenía doce años. Mi consejero era un gran ganador de almas, pero no un maestro de vida espiritual. Insistía en que con sólo leer, orar y testificar, uno contaba con lo necesario para crecer. Sin embargo, no crecí en la fe sino que me enfrié rápidamente. Pero a los diecisiete años, el Señor habló a mi corazón de un modo maravilloso, me sacó de mi mundanalidad y me acercó otra vez a Él. Fue entonces que me bauticé, compré una nueva Biblia y mi confianza se fortaleció.

Comencé a enseñar en la Escuela Dominical, empecé clases de estudio bíblico en mi propio garage, y hasta prediqué en la vía pública. Estaba convencido de que si me dedicaba lo suficiente, Dios me usaría para grandes cosas.

Sin embargo, durante esa época y hasta los veinticinco años, tuve una experiencia que me aplastó y desalentó. Éramos un grupo de jóvenes que trabajaba en la iglesia. Amábamos al Señor, pero experimentábamos tantos altibajos en nuestra vida cristiana que terminamos por cansarnos. Empecé a desanimarme y a decir: «¿Hasta cuándo continuará esto?, ¿cuándo estaré verdaderamente consagrado al Señor?, ¿cuándo llegaré a donde debo llegar?»

El momento de cambio en mi vida cristiana llegó cuando estaba estudiando teología, durante una reunión devocional. Al escuchar el sermón, me di cuenta de que no podía hacer nada para Dios. Todo mi ministerio carecía de valor, a menos que Dios fuera parte activa. Sólo Él podía hacer funcionar las cosas.

Gálatas 2.20 aclaró las cosas en mi mente: *Estoy crucificado con Cristo, y ya no vivo yo, mas Cristo vive en mí. Y esta vida verdadera que ahora tengo es el resultado de creer en el Hijo de Dios, quien me amó y se entregó por mí.*

El secreto es «no yo sino Cristo en mí». No se trata de lo que hagamos para Él sino de lo que Él hará por medio de nosotros. Es su poder lo que controla nuestra disposición, lo que permite que le sirvamos, y lo que nos corrige y dirige.

Seguiremos cometiendo errores. Dios no elimina las tentaciones ni nos hace exentos de fracasos. Él simplemente nos asegura que todo ha sido cubierto con su sangre, y nos da el poder para victorias futuras.

Me llevó ocho años aprender la más grande lección que Dios quiere enseñarnos. ¿Por qué será que nos negamos a aprender? Creo que porque somos impacientes y arrogantes. No nos gusta la idea de que nos falta algo.

Aunque no lo digamos abiertamente, muchos de quienes sinceramente amamos a Cristo nos creemos autosuficientes. En nuestro corazón decimos: «Ya verán lo que voy a hacer. El Señor va a estar orgulloso de mí». Pedro es un excelente ejemplo de alguien que creyó en esta equivocación.

La voluntad de Pedro había sido rendida a Dios. Primero *el Señor lo llamó*. Luego Pedro obtuvo *la seguridad de su salvación*. Cristo puso su mano sobre él y le prometió una nueva vida como pescador de hombres. Y cuando Pedro deja todas las cosas y sigue al Señor Jesús, se transforma en verdadero discípulo.

Recibir a Cristo es simplemente cruzar la línea divisoria. Todo lo que Pedro había experimentado hasta entonces era sólo el comienzo. Cuando recibimos a Cristo, los pecados son perdonados y limpiados. Hay redención.

El pasado es olvidado y todos los secretos vergonzosos de nuestra vida son enterrados al pie de la cruz. Ya no hay necesidad de preocuparnos por nuestra relación con Dios pues hemos sido redimidos.

Ahora bien, después de la salvación empieza la vida cristiana, y es aquí donde la mayoría falla. Hay millares quizás millones de cristianos, verdaderos hijos de Dios, que se quedan ahí y por treinta o cuarenta años no dan un paso más. Son felices porque son salvos; saben que irán al cielo; pero no experimentan crecimiento espiritual aquí en la tierra.

Donde muchos fallan es al tener que funcionar o actuar como cristianos, al tener que comportarse como creyentes día tras día, al tener que caminar y vivir como cristianos. Es un espectáculo lamentable. Pero Pedro no se detuvo ahí, sino que empezó a crecer y a aprender. Después que el Señor lo llamó y Pedro estuvo seguro de su salvación, dio otro paso.

## EL TERCER PASO

### Dios dirige en obediencia de fe

Una vez asistí a una cena en Colombia, cuyo motivo era orar por el país. Por primera vez en la historia colombiana, el presidente, su gabinete y el senado concurrieron a una comida organizada por cristianos evangélicos.

Durante la comida el presidente de Colombia me dijo: ¿Sabe, Palau? Esta noche estoy aquí por el presidente Carter.

Me explicó que cuando todos los líderes latinoamericanos se reunieron para firmar el tratado del Canal de Panamá, el presidente Carter de los Estados Unidos había invitado a todos los líderes de la derecha y de la izquierda, conservadores y liberales, de todos los partidos políticos a un estudio bíblico en la Casa Blanca.

Durante el estudio bíblico la mañana siguiente, Carter pidió a cada uno de los presentes que leyera un versículo de Mateo 24. Carter entonces explicó lo que, según él, quiso decir Jesús al hablar de guerras, pestilencias y oscuridad. Finalmente Carter hizo una oración para concluir la reunión.

Palau, me dijo el presidente colombiano, me impresionó muy bien que Carter se haya preocupado tanto por nosotros. Hablar de temas espirituales no se considera diplomático, pero me di cuenta de que Carter simpatizaba con nosotros y deseaba que conociéramos a Jesucristo.

Cuando Carter invitó a esos hombres a un estudio bíblico, no supo cuáles serían los resultados. No supo qué puertas se abrirían. Él simplemente obedeció la guía del Espíritu Santo.

Si hemos de continuar creciendo, debemos aprender a obedecer la Palabra de Dios pase lo que pase. *Obediencia de fe* a la Palabra es lo que aprendió Pedro en su siguiente encuentro con Jesús.

En Mateo 14.25-31 leemos:

A las tres de la mañana Jesús se les acercó, caminando sobre las aguas turbulentas. Los discípulos, al verlo, gritaron llenos de espanto:

¡Es un fantasma!

Pero Jesús inmediatamente les gritó:

¡Calma! ¡No tengan miedo! ¡Soy yo!

Señor le respondió Pedro, si eres tú realmente, pídeme que vaya a ti sobre las aguas.

¡Está bien, ven!

Sin vacilar, Pedro se lanzó por la borda y caminó sobre las aguas hacia donde estaba Jesús. Pero al percatarse de lo que hacía y de la inmensidad de las olas que se le lanzaban encima, sintió miedo y comenzó a hundirse.

¡Señor, sálvame! gritó horrorizado.

Extendiendo la mano, Jesús lo sujetó y le dijo:

¡Hombre de poca fe! ¿Por qué dudaste?

En medio de fuertes vientos y olas furiosas, Pedro osó salir de una barca que se bamboleaba y puso su pie en el agua, creyendo que la imagen que se dirigía hacia ellos era su Maestro. Fue con espíritu aventurero que Pedro dijo: «Señor, déjame ir contigo».

El pedido era descabellado, y sin embargo, el Señor Jesús dijo: «Como quieras, Pedro. Ven. Te enseñaré una lección». El Señor se deleita enseñando lecciones a sus hijos.

## La prueba de la fe

¿No es grandioso saber que Jesucristo nos ama y puede enseñarnos humildad, fe y confianza a pesar de nuestro engreimiento y arrogancia? Pero Él está lleno de gracia y nos enseña con amor. No nos obliga, aunque a veces nos deja sin escapatoria. Cuando eso sucede, lo que tenemos que hacer es llamarlo: «Señor, ¡ayúdame!» e inmediatamente Él extenderá su mano y nos sostendrá.

Cuando Pedro obedeció al llamado de Cristo para caminar sobre el agua, Pedro caminó sobre el agua. Puso su fe en acción y obedeció. La obediencia es fe en acción.

Pocos cristianos llegan a poner a prueba su obediencia y su fe de manera tan dramática. En realidad, pocos cristianos se animan a poner su fe a prueba.

Muchas personas que dicen seguir a Jesús y hacen cosas extremas en sus propias fuerzas, lo único que logran es deshonrar a Jesucristo. Un fanático puede caminar en sus propias fuerzas, pero a la larga éstas desaparecerán, y él terminará hundiéndose.

El caso de Pedro fue distinto pues esos pocos pasos que anduvo sobre el agua, lo hizo bajo el mandato de Dios. La diferencia es sideral.

## Caminar sobre el agua

Recuerdo que un domingo debía predicar en una iglesia en Nueva York. Antes que comenzara el culto, un caballero de aspecto distinguido entró a la iglesia ayudándose con un bastón. Se acercó a mí, se presentó, y me dijo que deseaba hablar conmigo al terminar la reunión. Hicimos arreglos para encontrarnos en casa de la familia con quien me estaba hospedando.

Mientras nos dirigíamos en auto de regreso a la casa, esta familia me puso al tanto del caballero con el bastón.

Luis, dijeron «ese hombre es uno de los oftalmólogos más distinguidos del país. Sus libros son usados en las universidades más importantes.

Él ha estado alejado del Señor desde que íbamos juntos a la universidad, pero durante las últimas semanas algo ha estado sucediendo en su corazón.

Una vez en la casa, mis anfitriones se disculparon para que el doctor y yo pudiéramos hablar en privado unos minutos.

Joven me dijo quiero hacerle una pregunta, y en base a lo que usted me diga, tomaré una gran decisión.

Soy oftalmólogo continuó. He ganado mucho dinero. Gozo de gran respeto a nivel profesional. La mayoría de la gente me considera un éxito. Pero mi hija no está interesada en Dios y mi hijo va rumbo al infierno porque nunca le hablé del evangelio. Durante años me he cuestionado la manera en que viví mi vida de adulto.

Hizo una pausa y prosiguió:

Cuando estaba en la universidad, más de cuarenta años atrás, un misionero llamado John Mott vino a hablarnos sobre la necesidad de oftalmólogos en el Medio Oriente para ayudar a tratar enfermedades de los ojos, y yo sentí el llamado de Dios. Cuando él hizo la invitación, tomé la decisión de servir a

Jesucristo en la obra misionera. Me comprometí a usar mi conocimiento médico para la gloria de Dios.

Sin embargo continuó diciendo, me gradué, me casé, y mis amigos y parientes comenzaron a hacerme advertencias sobre los peligros de la vida en el Medio Oriente, los sacrificios que debe hacer un misionero, y la tontería de desperdiciar mi educación. Me aconsejaron no ir. El orgullo de la vida fue más fuerte que el llamado del Señor. Nunca salí como misionero, sino que empecé a practicar mi profesión en mi propio país. Eso fue hace cuarenta y dos años.

Y quiero que sepa agregó que en estos cuarenta y dos años no he tenido un solo día de paz. Ya me jubilé, y le he pedido a mi esposa que vaya conmigo a Afganistán para que juntos pasemos nuestros últimos años sirviendo al Señor en la obra misionera. Le dije: «Al menos obedezcamos al Señor al final de nuestra vida». Pero ella no quiere ir. Dígame, Palau, ¿debo ir o debo quedarme?

Yo puse mi brazo sobre su hombro y contesté:

Hermano, creo que debe ir.

El hombre rompió a llorar.

Gracias. Sí, iré. Dios me ha estado llamando durante cuarenta y dos años. Esta vez nadie me detendrá.

Seis meses después un amigo me comentó que el doctor estaba en Afganistán con su esposa: Aunque anda mal de salud, es como si fuera un adolescente. ¡Está tan entusiasmado!

Un tiempo después volví a ver al doctor, quien manifestó:

Gracias, Luis, por aconsejarme ir a Afganistán. En un solo año pude «redimir» los cuarenta y dos años que perdí.

Un par de meses después, el Señor lo llevó a su presencia.

Dios anhela enseñarnos a caminar sobre el agua. Él nos anima a comenzar dando un paso de fe. Como el anciano doctor, anímate y haz lo que Dios te haya dicho que hagas.

Tal vez Dios te haya hablado hace diez años. Quizás te esté hablando ahora mismo, y no hay respuesta de tu parte. Sin embargo, el Espíritu Santo continúa rogándote que obedezcas la Palabra de Dios que has estado escuchando desde hace tanto tiempo. Si con fidelidad Dios te recuerda que en algún momento y en algún lugar Él te habló sobre algo, ten la valentía de dar un paso de fe. La falta de valentía lleva a una vida de desánimo, chata, infeliz, sin fruto. Si te animas a dar ese paso, disfrutarás de la vida, y comenzarás a caminar en la llenura del Espíritu. Nunca es demasiado tarde para responder al Señor.

### El ejemplo de Abraham

Todo cristiano debe aprender a caminar sobre las aguas. A través de la Biblia Dios llama a sus escogidos «hombres y mujeres de fe». ¿Qué significa esta frase? Básicamente, que obraron con valentía, la clase de valentía que Pedro manifestó al caminar sobre el agua.

Abraham fue uno de estos grandes hombres de fe. No caminó sobre las aguas, pero cuando Dios se lo ordenó caminó sobre la arena del desierto. En Hebreos 11.8 leemos: *Por fe Abraham, cuando Dios le pidió que abandonara su ciudad natal, partió hacia el remoto país que el Señor había prometido darle como herencia. Lo más asombroso es que ni siquiera sabía dónde estaba aquel país.*

Cuando Dios llamó a Abraham, éste no tenía idea de a dónde quería llevarlo Dios. Imaginemos la fe que necesitó para creer en Dios y dar el primer paso en el desierto. Todo lo que tenía era la declaración divina: «Abraham, voy a darte una tierra para tus descendientes. Ellos serán en número como las estrellas del cielo o la arena del mar. Ven conmigo y te llevaré a esta tierra».

Esto fue suficiente para que Abraham entendiera que Dios le había hablado. Así empezó a andar por fe en la voluntad de Dios. La obediencia de Abraham fue fe en acción. Todo cristiano puede tener la misma experiencia cuando empieza a caminar por fe, en el Espíritu Santo que está en su vida. Una vez que obedecemos al Señor y empezamos a andar bajo su dirección, seremos capaces de hacer cualquier cosa, porque todo es posible para aquel que cree.

Aunque parecía imposible, Pedro creyó que podría caminar sobre las aguas y con fe empezó a caminar hacia Cristo. Pero cuando estuvo cerca de Jesús, de repente apartó sus ojos de Él e inmediatamente empezó a hundirse. Sin embargo, al clamar «¡Señor, ayúdame!» Jesús extendió su mano, lo levantó y dijo: *¡Hombre de poca fe! ¿Por qué dudaste?*

En vista de la naturaleza humana, es muy posible que cuando Pedro estaba parado en medio del oleaje, haya mirado atrás a sus compañeros en la barca, haya considerado que muy pocos se habrían parado sobre el agua sin hundirse, y haya exclamado: «¡Eh, mírenme! ¡Estoy parado sobre el agua!» Había olvidado a Cristo y estaba exaltando su propia hazaña.

### El poder de Dios

Muchos olvidamos de dónde proviene el poder en nuestra vida. Tenemos una experiencia espiritual, recibimos respuesta a la oración, o ganamos un alma para Jesucristo, y en ese momento de gloria y entusiasmo olvidamos que se trata del poder de Dios obrando en nosotros y a través de nosotros. Tan pronto como confiamos en nosotros mismos, nos hundimos.

Creo que a Pedro le debe de haber dolido cuando el Señor le preguntó qué había pasado con su fe. Después de todo, él había salido de la barca y había dado pasos sobre las olas. Había caminado sobre el agua y llegado hasta Cristo. Y sin embargo, Cristo mismo le dijo que le faltó fe.

Dios espera obediencia de nosotros, para entonces mostrarnos su poder, y a menudo nos admiramos de cuán grande es Dios. Es que las cosas más pequeñas para Dios, a nosotros nos parecen inmensas.

Recuerdo la primera vez que Dios respondió una de mis oraciones. Fue una petición tan sencilla que no sé si compartirla.

Cuando vivía en Argentina, yo trabajaba en un banco. Recuerdo que el banco había estado en huelga por cuarenta y dos días, el sistema bancario era un caos, y por supuesto los salarios no se pagaban. Con lo que yo ganaba, mi madre, que era viuda, cuidaba de mis cinco hermanas y un hermano. En ese momento estábamos absolutamente sin un peso.

Después de leer un libro sobre las experiencias de Jorge Müller, un gran hombre de fe, dije: «Señor, en realidad nunca he tenido la experiencia de una verdadera respuesta a la oración. Te pido que contestes mi oración. Envíame dinero para que pueda tomar el ómnibus e ir al banco. Envíame el dinero de tal manera que yo sepa que viene de ti».

Mi madre era una mujer de fe y yo había visto cómo Dios había contestado muchas de sus oraciones. Pero yo quería una respuesta para mí.

Al día siguiente me levanté temprano ya que el banco en el verano abría a las 7 de la mañana. Ya había planeado cómo el Señor respondería a mi pedido: Alguien habría perdido unas monedas. Yo las encontraría y podría pagar el pasaje del ómnibus hasta el banco. Para que vean cuán pequeña era mi fe, debo confesar que aunque esperaba que Dios obrara, me levanté más temprano que de costumbre para llegar caminando hasta el banco en caso de que el dinero no apareciera.

Cuando salí de casa todavía estaba oscuro. Fui lentamente hasta la parada del ómnibus al tiempo que miraba al suelo buscando el dinero. Llegué a la esquina y seguí buscando. Observé cómo la gente hurgaba en sus bolsillos para encontrar monedas. Busqué en el suelo. Busqué en todas partes, pero sin éxito.

«Quizás las monedas del Señor no estaban en esta parada», me dije. Seguí caminando, todavía esperanzado de hallar el dinero en la próxima parada de ómnibus. Busqué y busqué, pero tampoco encontré las monedas. Había otro ómnibus que podía tomar hasta el banco; debía caminar unas ocho cuadras. El dinero tenía que estar allí.

Había caminado unas tres cuadras en la niebla, aún oscuro, y de pronto vi a un hombre empujando su automóvil, tratando de sacarlo del garage. Me acerqué y le ofrecí ayudarlo a empujar el auto hacia la calle. Ni bien empezó a ir cuesta abajo, el motor arrancó sin dificultad y el coche desapareció en la neblina.

Seguí caminando mientras aún buscaba la moneda para pagar el boleto. De repente oí parar un auto. Era el hombre a quien había ayudado hacía pocos minutos. Abrió la ventanilla, se disculpó por no haberme ofrecido llevarme con él, y me preguntó a dónde me dirigía. Cuando le dije, respondió que trabajaba en el edificio de enfrente, y ofreció llevarme.

Esta historia podrá no ser un ejemplo extraordinario, pero la respuesta a mi oración fue emocionante. Para mi fue una tremenda prueba. Por primera vez había experimentado cómo Dios disipaba mis dudas y contestaba mi oración.

## De una fe pequeña a una fe grande

Muchos años después cuando estábamos con mi equipo evangelístico en Lima, Perú, deseábamos televisar los mensajes. El director de la cruzada, miembro de nuestro equipo, dijo:

Luis, tenemos que obtener el dinero antes de firmar el contrato. Firma el contrato le respondí. No tenemos dinero, pero creo que Dios lo va a enviar.

Se firmó el contrato.

Nuestra cuenta bancaria para misiones estaba 500 dólares en rojo. Oramos, y yo tenía fe de que Dios enviaría el dinero. Comenzó la cruzada. Pasó la primera noche, la segunda, la tercera, y todavía no teníamos los 2500 dólares necesarios. El director de la emisora no tenía idea de que no contábamos con un centavo para pagar el programa.

Al cuarto día recibí un telegrama de mi esposa en el que me decía: «Alabado sea el Señor. Una iglesia en Nueva Jersey ha enviado 2500 dólares para la televisión». Y esa iglesia ni siquiera sabía que los necesitábamos.

Se requirió práctica y experiencia de fe para ir de aquella primera respuesta de unas monedas a una respuesta de 2500 dólares. Entre un acontecimiento y el otro, tuve que dar pasos y caminar sobre el agua muchas veces. Lo que es más importante, nunca hubiera descubierto la emoción y bendición de caminar por fe si no hubiera dado aquel primer paso.

Lo más admirable de empezar a caminar por fe es que Dios se deleita en darnos tales experiencias. Quizás a veces pedimos cosas tontas. ¿Qué derecho tenía Pedro a esperar que el Señor le permitiera caminar sobre las aguas? Sin embargo, el Señor le dijo que lo hiciera y experimentara la recompensa a su fe.

Da el primer paso y comienza a caminar sobre el agua. No importa en qué esfera de tu vida tengas dudas, cree que el Señor dará respuesta a tu pequeña fe. Tu pequeña fe te producirá una enorme satisfacción y bendición. La fe pequeña se convierte en fe grande cuando empezamos a practicarla día tras día.

# Capítulo 3

# ¿AHORA QUÉ, SEÑOR?

Patricia, mi esposa, escribió un artículo para una revista donde decía que cuando alguien ha perdido un hijo, ha tenido una operación o está atravesando por una crisis, lo mejor que se le puede dar es un pasaje de la Escritura bien elegido bajo la guía del Espíritu Santo.

¡Qué respuesta recibió su artículo de los lectores de esa revista cristiana! Mucha gente le escribió cartas al director, y algunas realmente nos sorprendieron.

Recuerdo una carta en particular, de una mujer que dijo que cuando su hijo de veintiún años murió atropellado por un automóvil, lo que menos deseaba era que le «tiraran» un versículo bíblico. Lo que deseaba era que alguien le diera un abrazo. ¡Qué actitud hacia la Palabra de Dios!

La Biblia debe ser no simplemente un libro sino un mensaje viviente, una palabra viviente de Dios. No podemos conocer a Jesucristo a menos que aceptemos sin reservas la Palabra de Dios. Recién entonces comenzaremos a disfrutar de la vida cristiana. Este es el siguiente paso que debía dar Pedro.

Aprender a aceptar la autoridad de la Palabra de Dios y a obedecerla puede ser un proceso desconcertante. La Escritura divide opiniones y pone a prueba a todos los que tienen contacto con ella.

A menudo Cristo usó enseñanzas muy controvertidas para sacudir a la gente. A veces parecía hacerlo deliberadamente.

## EL CUARTO PASO

### Dios reclama autoridad completa

En Juan 6.48-69 Jesucristo dice:

Sí, yo soy el Pan de vida. En el pan del cielo que comieron los padres de ustedes en el desierto no había verdadera vida, porque todos ellos murieron. Mas hay un Pan del cielo que imparte vida eterna a los que lo comen. Yo soy el Pan de vida que descendió del cielo. El que coma de este Pan vivirá para siempre, y este Pan es mi cuerpo que ha sido entregado para redimir a la humanidad.

Entonces los judíos se pusieron a discutir entre sí acerca del significado de aquellas palabras.

¿Es que acaso piensa este hombre darnos a comer su carne?

Créanme repitió Jesús, que el que no come la carne del Hombre de la Gloria ni bebe su sangre no podrá tener vida eterna dentro de sí. Pero el que come mi carne y bebe mi sangre tiene vida eterna y yo lo resucitaré en el día postrero.

Porque mi cuerpo es verdadero alimento, y mi sangre es verdadera bebida. El que come mi cuerpo y bebe mi sangre está en mí y yo en él. Yo vivo mediante el poder del Padre viviente que me envió; por lo tanto, los que me comen vivirán gracias a mí. Yo soy el verdadero Pan del cielo; cualquiera que coma de este Pan vivirá para siempre y no morirá como murieron sus padres a pesar de haber comido pan del cielo.

Jesús predicó el sermón anterior en la sinagoga de Capernaum.

Al terminar, aun sus discípulos se dijeron:

Esto está muy difícil de entender. ¡Quién sabe lo que quiso decir!

Jesús comprendió que los discípulos se estaban quejando.

¿Se ofenden por esto? les preguntó. ¿Qué pensarían entonces si me vieran a mí, el Hijo del Hombre, regresar al cielo? La vida que perdura se origina en el espíritu; lo que se origina en la naturaleza humana muere y por lo tanto de nada aprovecha; mis palabras, que son espirituales, dan vida que permanece para siempre. Mas algunos de ustedes no me creen.

Es que Jesús sabía desde el principio quiénes no creían y quién lo traicionaría.

A eso me refería cuando les dije que nadie puede venir a mí, a menos que el Padre los traiga recalcó.

Desde ese momento muchos de los discípulos lo abandonaron.

¿Quieren ustedes irse también? preguntó Jesús, volviéndose a los doce.

Maestro contestó Simón Pedro, ¿a quién iríamos? Tú eres el único que tiene palabras que dan vida eterna, y nosotros las creemos y sabemos que eres el Santo Hijo de Dios.

## La hora de la prueba

En este pasaje Jesús habla a los judíos, muchos de los cuales eran sus seguidores. Habían visto sus milagros. Habían sido alimentados con el pan que multiplicó. Es emocionante seguir a alguien que hace milagros, y Jesús había ganado una gran multitud de simpatizantes.

Pero después de haber hecho tantos milagros y haber mostrado a la gente que era emocionante caminar con Él, Jesús decidió poner a prueba a sus admiradores. Empleó un lenguaje duro y difícil.

Por ejemplo, les dijo:

*El que come mi carne y bebe mi sangre tiene vida eterna.*

Era una extraña declaración.

Los primeros que lo abandonaron fueron los incrédulos. No querían tener nada que ver con Él, y sus controvertidas enseñanzas les hicieron llegar a la conclusión que Jesús estaba loco.

Los incrédulos judíos no fueron los únicos que lo abandonaron. La declaración de Jesús también turbó a muchos de los que habían empezado a llamarse sus discípulos. En el v. 60 leemos: *Al terminar aun sus discípulos se dijeron:*

Esto está muy difícil de entender.¡Quién sabe lo que quiso decir!

El Señor Jesús sabía bien lo que estaba haciendo. Los estaba poniendo a prueba para ver si realmente ellos creían que Él tenía respuestas.

Todos nosotros, aun los que hemos sido educados en un ambiente cristiano, tenemos que hacer frente a esta pregunta: ¿Tiene Jesucristo la respuesta? Muchos se enfrentan con este problema cuando estudian en una universidad secular y deben escuchar a profesores incrédulos que tienen la audacia de dudar de Jesucristo, que refutan la Biblia y se burlan del cristianismo y la fe de sus padres. De pronto, el estudiante criado en un hogar cristiano se ve obligado a tomar una decisión: ¿Quién tiene las respuestas? ¿Jesucristo o este profesor culto y autosuficiente?

Todos debemos hacer frente a esta experiencia traumática pero esencial. Hasta tanto determinemos quién tiene autoridad sobre nosotros, estaremos lejos de la madurez. Hasta tanto aceptemos la autoridad de Jesucristo sobre nuestro proceso racional, somos como bebés vacilantes e inseguros.

Mientras estuve en Londres durante una cruzada de catorce semanas, cada noche antes de empezar a predicar, levantaba mi Biblia ante la multitud y decía: «Esta es la Palabra del Señor. Es absolutamente perfecta y digna de confianza en un ciento por ciento. No hay errores de ningún tipo. Presten atención a la Palabra de Dios». Después recibí cartas de varios pastores que estaban enojados por lo que yo había dicho. ¿Por qué? No creían que la Biblia fuera la perfecta Palabra de Dios.

Debemos llegar al punto de olvidar lo que dice el profesor, lo que dice el sicólogo, lo que dice el historiador, y hasta lo que dice el pastor cuando eso está en conflicto con las palabras de Cristo. Como cristianos debemos aceptar la Biblia en su totalidad como la Palabra de Dios que ha sido inspirada. Debemos creer todo lo que dice y debemos amarla.

Esto no significa aceptación irracional sin pensamiento o preguntas inteligentes. Significa que debemos aceptar la autoridad de Jesucristo y su Palabra, en vista de los ataques incrédulos contra los principios bíblicos.

Después de perder a muchos seguidores, podríamos pensar que Jesús hubiera abandonado el tema. Sin embargo, no había terminado con lo que iba a decir. Algunos de los discípulos se habían ido, pero Él llamó al grupo de sus más íntimos, los doce, y les preguntó si también querían irse.

El problema no estaba en la terminología de la doctrina de comer su carne y beber su sangre. El problema era seguir a Jesucristo aun cuando lo que decía ofendiera la sensibilidad. Jesucristo preguntaba: ¿Están dispuestos a seguirme aunque lo que digo les parezca irracional?

Cuando Jesús hizo la pregunta, Pedro respondió:

Maestro, ¿a quién iríamos? Tú eres el único que tiene palabras que dan vida eterna.

Con estas palabras Pedro decidió por sí mismo quién tenía la respuesta.

## Aceptar la verdadera autoridad

Me asombra cuántos acuden al mundo cuando necesitan consejo. Es como si creyeran que la manera que tiene el mundo para hacer las cosas es mejor que la manera de Dios. Prestan oídos a lo que el mundo dice que está bien o mal, en vez de escuchar a la Escritura. La Biblia les da este consejo: No amen este perverso mundo ni sus ofrecimientos. El que ama estas cosas no ama de verdad a Dios (1 Juan 2.15).

Debemos escuchar a personas mundanas tan poco como sea posible, especialmente en lo que se refiere a filosofía, sicología, religión y todas aquellas cuestiones de las que saben poco o nada. En ciertas áreas son brillantes, incluso más que nosotros, pero cuando se trata de aspectos filosóficos, sociológicos, siquiátricos y espirituales, no pierdas tu tiempo con incrédulos.

Muchas de las personas a quienes prestamos atención en los medios masivos viven frustrados en lo personal porque descuidan la dimensión más importante: las verdades espirituales de la Escritura.

Recuerdo que hace tiempo viajé en un avión sentado junto a un hombre de negocios. Comenzamos a conversar. Me preguntó a qué me dedicaba, y le contesté que era un evangelista.

Me imagino que usted está en contra del adulterio me respondió. Voy a decirle algo en cuanto al matrimonio. Hace años hombres y mujeres morían más jóvenes, así que era fácil decir «hasta que la muerte nos separe». Hoy día si uno permanece con la misma mujer, son fácilmente más de cincuenta años, y uno se aburre. Hay que mariposear.

¿Qué decir en una situación así? Muchos hoy usan argumentos pesuasivos para justificar la infidelidad, o para justificar esto o aquello. Si los escuchamos, por cierto que cometeremos errores. Las costumbres del mundo nos desorientan, y tal vez empecemos a considerar que casi todo puede ser válido.

Pero el hecho de que un argumento sea persuasivo no significa que debamos aceptarlo. El hecho de que alguien tenga un título universitario o hable con autoridad o conduzca un programa de televisión, no debiera tener influencia para que de manera incondicional aceptemos lo que ese alguien diga. Dios nos da mandamientos que debemos obedecer. Uno de esos mandamientos es no cometer adulterio. Aun si Dios no explica cuáles son las razones, nosotros obedecemos porque es lo que Él manda.

Los cristianos deben decidir a quién van a seguir. Si aún dudas de las palabras de Jesucristo y de su autoridad divina, no te sorprendas si dudas y vacilas cuando lees material de estos seudo intelectuales que niegan la existencia de Dios, niegan la realidad de Jesucristo, y osan decirte cómo vivir y cómo tomar decisiones. Nunca debemos considerar como nuestra autoridad a quien niega estas verdades básicas.

Pedro encontró la solución cuando decidió permanecer con Cristo y sus enseñanzas. En 2 Timoteo 3.16-17 Pablo afirma: *La Biblia entera nos fue dada por inspiración de Dios y es útil*

*para enseñarnos la verdad, hacernos comprender las faltas
cometidas en la vida y ayudarnos a llevar una vida recta. Ella
es el medio que Dios utiliza para capacitarnos plenamente
para hacer el bien.*

Cuando hayas aceptado la autoridad de Cristo en tu vida y
le hayas dado la supremacía, de modo inteligente y crítico
podrás escuchar lo que otros dicen sin sentirte perturbado.
Podrás juzgar a la luz de las Escrituras todo lo que dicen estas
«autoridades».

Cuando optas por la autoridad de Jesucristo, eres libre para
ser una persona verdaderamente intelectual, no una seudo
intelectual que niega la existencia de Dios y la autoridad de su
Palabra. Porque conoces a Dios de manera personal, porque ya
has decidido la cuestión de autoridad en tu vida, podrás aceptar
las declaraciones que afirman la realidad de la vida eterna, y
podrás rechazar las que las niegan. Tu fe no puede ser sacudida
ni movida porque Jesucristo es quien tiene la última palabra en
tu vida.

¿Puedes, como Pedro, aceptar tanto las situaciones difíciles
como las agradables recompensas y las bendiciones? Tu actitud
para con las palabras de Jesús es un buen parámetro para la
madurez.

La Escritura contiene muchas cosas difíciles que son serias
piedras de tropiezo para algunos creyentes. Estos, por ejemplo,
no pueden aceptar que Dios haya mandado al pueblo de Israel
a aniquilar toda una tribu, o algún otro mandamiento difícil.
Siempre hay buenas razones para las palabras de Dios. Quienes
tienen la audacia de poner en tela de juicio la sabiduría de Dios,
pretenden ser moralmente superiores a Dios mismo.

A menudo creemos ser muy maduros y espirituales cuando
cuestionamos cosas del Señor que nos parecen difíciles, pero
es todo lo contrario. Simplemente demostramos nuestra niñez

espiritual. Esa actitud demuestra falta de desarrollo y falta de conocimiento bíblico. Desafiar la autoridad de Dios es una manifestación de nuestra inmadurez.

Dios nunca se equivoca; así que cuando ponemos en duda las declaraciones que nos resultan difíciles, estamos desafiando su autoridad. Si aún nos sentimos con derecho de elegir lo que nos gusta de las Escrituras, significa que no hemos resuelto la cuestión de autoridad.

Cuanto más pronto aceptemos su Palabra por fe, más pronto nos veremos librados de la clase de castigo y disciplina que Pedro tuvo que sufrir. Aun después de su decisión de permanecer con Cristo, Pedro en su corazón siguió desafiando esa autoridad. Todavía tenía mucho que aprender.

## QUINTO PASO

### Dios revela a Cristo como su Hijo

Billy Graham cuenta la historia de una visita que él y su esposa hicieron a China antes que el cristianismo hiciera eclosión y se expandiera en ese lugar. Estaban hablando en una pequeña iglesia y luego del culto un hombre chino se acercó para hablar con Billy. A través de un traductor este hombre preguntó: «¿Cómo dijo que se llamaba el hombre que murió en una cruz?»

Su nombre era Jesús respondió Billy.

¡Así que ése era su nombre! replicó el hombre. He creído en él toda mi vida, pero no sabía cómo se llamaba.

La historia llegó a mi corazón. La revelación de que Jesucristo es Dios es la respuesta que está esperando oír el mundo.

En Mateo 16.13-20 por primera vez los discípulos declaran su fe en esta verdad:

Al llegar a Cesarea de Filipo, les preguntó:

¿Quién dice la gente que soy?

Bueno le respondieron, algunos dicen que eres Juan el Bautista; otros, que eres Elías; y otros que eres Jeremías o alguno de los profetas.

¿Y quién creen ustedes que soy?

¡Tú eres el Cristo, el Mesías, el Hijo del Dios viviente! respondió Simón Pedro.

Dios te ha bendecido, Simón, hijo de Jonás le dijo Jesús, porque esto no lo aprendiste de labios humanos. ¡Mi Padre celestial te lo reveló personalmente! Tú eres Pedro, y sobre esta roca edificaré mi iglesia, y los poderes del infierno no prevalecerán contra ella. Te daré las llaves del reino de los cielos: la puerta que cierres en la tierra se cerrará en el cielo; y la puerta que abras en la tierra se abrirá en el cielo.

A continuación les suplicó que no le dijeran a nadie que era el Mesías.

Aquí la Escritura *nos revela a Cristo como Dios.* ¡Cuán emocionado se habrá sentido Jesús al ver que esos hombres habían empezado a comprender quién era Él! Y cuando les preguntó quién pensaban ellos que Él era, Pedro dio la respuesta que Jesús había estado buscando: *«¡Tú eres el Cristo, el Mesías, el Hijo del Dios viviente!»*

### La medida de la madurez

La revelación de Jesucristo como Dios viene al corazón por la obra del Espíritu Santo. Una joven mujer de veinticinco años decidió asistir a una conferencia donde yo estaba predicando. Aunque asistía a una iglesia, esta mujer vivía como si nunca hubiera escuchado el evangelio. Con gran amargura contra su padre y desagrado con su madre, la joven comenzó una vida desenfrenada y licenciosa con hombres y mujeres.

Cansada de su estilo de vida airado e inmoral, esta mujer escuchó con atención la música y el estudio bíblico durante la conferencia, y le prestó atención a Dios. Como no estaba segura de si alguna vez había invitado a Cristo a su corazón, esta mujer se arrepintió de su pecado y entregó su vida a Dios. Ahora ella sirve al Señor como misionera en Mozambique, en el Africa. Cuando entendió que Jesucristo era el Hijo del Dios viviente, su vida cambió de manera radical.

El haber sido criado en un hogar cristiano no hace que una persona tenga un corazón receptivo automáticamente, ni tampoco podemos convencer a la persona con argumentos. Sólo podemos citar versículos y hacer una invitación a recibir a Cristo. Es el Espíritu Santo quien debe revelar a una persona la verdad de que Jesucristo es Dios. Si no lo hace, la persona no creerá, no podrá creer.

El Señor Jesús dijo:

*Padre, Señor del cielo y de la tierra, gracias porque escondiste la verdad a los que se creen sabios, y la revelaste a los niños* (Mateo 11.25).

Es preciso un corazón humilde antes de que Cristo pueda revelarse a sí mismo a nosotros como el Hijo de Dios.

Aceptar a Cristo no es decir: «Bueno, la verdad es que me simpatiza. Mi mamá solía creer en Él. Recuerdo que cuando yo era chico me arrodillaba junto a mi cama y oraba a Jesús. Es lindo hacerlo, pero no sé si es el Hijo de Dios».

Si ésa es tu posición, no estás en un buen lugar. O bien Jesús es quien dijo ser, o es el más grande engañador de todos los tiempos. Él aseguraba ser Dios Hijo revelado en carne. Y la salvación no puede tener lugar hasta que un pecador acepta sin reservas que Jesucristo es el Ungido, el Cristo, el Hijo del Dios viviente. El momento más grandioso en la vida de Pedro fue cuando dijo:

*¡Tú eres el Cristo, el Mesías, el Hijo del Dios viviente!*

Al comprender esta verdad Pedro llegó a una mayor altura en su madurez. Fue entonces cuando el Señor Jesús confirmó su promesa a Pedro, y le dijo: «Ahora sí eres Pedro; ahora por cierto eres la Roca. Tu confesión confirma que estás en terreno firme».

La madurez espiritual del creyente empieza cuando el impacto de Jesucristo se hace real en uno. La niñez espiritual termina cuando hombres y mujeres de pronto se dan cuenta de que el Cristo viviente que vive en ellos es más que un Salvador; es el Hijo del Dios viviente.

Cuando me di cuenta de que el Cristo viviente vivía en Luis Palau, mi vida espiritual cambió. Te aseguro que ése fue el comienzo de una vida nueva y real para mí.

La Biblia enseña que cuando una persona se une al Señor, es un espíritu con Él. No soy yo viviendo por las mías con un poco de sabiduría que viene de afuera. Mi «yo» pasa a ser morada del Hijo de Dios y es controlado por Él.

Este milagro no puede hacer otra cosa que cambiar la vida de una persona.


## Comisión de autoridad

Cristo no sólo bendijo a Pedro sino que además *le hizo una promesa*. En Mateo 16.18-19 el Señor explica la comisión que le hizo a Pedro:

· Tú eres Pedro, y sobre esta roca edificaré mi iglesia, y los poderes del infierno no prevalecerán contra ella. Te daré las llaves del reino de los cielos: la puerta que cierres en la tierra se cerrará en el cielo; y la puerta que abras en la tierra se abrirá en el cielo.

Y en Mateo 18.17-20 declara:

Si se niega a escucharte, presenta el caso a la iglesia, y si la iglesia se pronuncia en favor tuyo y tu hermano no acepta la recomendación de la iglesia, la iglesia debe expulsarlo.

Les aseguro que cuanto aten en la tierra quedará atado en el cielo, y que lo que suelten en la tierra quedará suelto en el cielo. También quiero decirles que si dos de ustedes se ponen de acuerdo aquí en la tierra acerca de algo que quieran pedir en oración, mi Padre que está en los cielos se lo concederá. Porque dondequiera que estén dos o tres reunidos en mi nombre, allí estaré yo.

Nota la tremenda autoridad que Cristo le dio a Pedro. Sobre la fe que Pedro representaba, Cristo edificaría su Iglesia. La verdadera Iglesia, el cuerpo de Cristo, está formada por gente que cree que Jesucristo es el Hijo de Dios. La deidad de Cristo es la roca; y todos los que creen, pueden reclamar como suya la autoridad que Cristo dio a Pedro después de su confesión. Podemos hacer nuestra esa autoridad porque Jesús es Dios y vive en nosotros.

Durante nuestra cruzada evangelística en India, decenas de millares fueron a escuchar el evangelio, y miles confiaron en Cristo. La respuesta mostró con claridad el absoluto poder de Dios sobre toda la creación, aun en este lugar donde la actividad demoníaca es tan prevaleciente.

En una ocasión estaba hablando a una gran multitud de jóvenes, y sentí en mi corazón que o bien Satanás estaba en acción, o algunos de los cristianos estaban secretamente viviendo en serio pecado. Me detuve en medio del mensaje para hablar sobre esta cuestión. El resultado fue increíble. El ambiente, que había sido insoportable, se volvió silencioso de manera casi asombrosa.

La Biblia dice que podemos vencer al enemigo de Dios, a Satanás y sus demonios, porque *hay Alguien en el corazón de ustedes que es más fuerte que cualquier falso maestro de este perverso mundo* (1 Juan 4.4).

Podemos hacer frente a Satanás y a sus tretas, y hasta podemos frustrarlos, pero debemos estar preparados y confiar plenamente en el poder de Dios. No es broma. Satanás por cierto quiere destruirnos, pero acabará derrotado. Al final nuestro Dios todopoderoso lo vencerá. Y este mismo Dios vive en el corazón de todos los creyentes. Por esa razón podemos mantenernos firmes cuando Satanás intenta destruirnos. ¡Cristo es el vencedor!

¿Qué quiso decir Jesús con *las llaves del reino de los cielos*? Las llaves son una expresión, un símbolo de que nuestra autoridad en Cristo no está limitada a la tierra. Todo lo que permitimos en la tierra está permitido en el cielo, y lo que atamos aquí, está atado allá. ¡Esto es autoridad! Veo tres implicaciones en las llaves: *privilegio, autoridad y responsabilidad*.

Piensa en el *privilegio* de tener las llaves del reino de los cielos. Cuando tomamos una Biblia y testificamos a alguien en el nombre de Jesucristo, estamos ejerciendo el privilegio de las llaves del reino.

Pienso en Juan Wesley, quien vivió hace 250 años. Cuando era joven, Wesley experimentó conversión instantánea y seguridad inmediata, algo que tuvo impacto en toda Gran Bretaña. Poco después el Señor le dio a Wesley el convencimiento de la misión de predicar el evangelio. Durante los cincuenta años siguientes viajó unos 400.000 kilómetros en todo el Reino Unido y predicó 40.000 sermones. Su mensaje era siempre el mismo: instar a hombres y mujeres a la salvación en Cristo. Él comprendió el gran privilegio que Dios nos ha dado para predicar el evangelio.

En segundo lugar, podemos hablar con *autoridad*. No necesitamos disculparnos por lo que decimos ni mostrar inseguridad. Podemos decir con total seguridad y valentía que Jesucristo es el Hijo de Dios y que Él cambia vidas y da paz con Dios.

Un periodista que varias veces se entrevistó con Billy Graham escribió estas palabras: «Lo que más me impacta en Billy Graham es su arrogante humildad». ¡Qué descripción tan interesante! La autoridad que Cristo concede a cada cristiano nos permite tener una arrogante humildad.

Además del privilegio y de la autoridad, las llaves hablan de *responsabilidad*. A veces preferimos transferir la responsabilidad a los pastores y maestros. Preferimos permanecer en el anonimato y pasar inadvertidos. Sin embargo, cuando nos damos cuenta de la realidad que Cristo mora en nosotros, crecemos en Él. La Biblia tiene autoridad sobre nuestra vida. Tenemos el derecho, la autoridad de Dios para hablar en el nombre de Jesucristo. Pero lo que es más, tenemos la responsabilidad de hacerlo.

Para mí esta responsabilidad se hace evidente en nuestras cruzadas evangelísticas. Es una gran bendición ir a una ciudad, y en el nombre de Jesucristo reclamar a esa ciudad para Dios. Porque vamos en el nombre de Jesucristo y tenemos las llaves del reino, tenemos el privilegio, la responsabilidad y la autoridad de actuar como sus representantes.

En una de nuestras cruzadas, una de las cantantes invitadas fue Darlene Koldenhoven. Tal vez el nombre no te resulte conocido. Yo no soy ningún experto en el mundo cinematográfico de Hollywood. Hasta que mis amigos y compañeros me lo dijeron, yo no sabía que Darlene había actuado con la actriz negra Whoopi Goldberg en la película «Cambio de hábito». Durante la cruzada el viernes por la noche Darlene cantó una canción y dirigió a la multitud en alegre adoración a Dios.

Pero esa noche Darlene no fue sola a la cruzada. Llevó a varios amigos para que escucharan el evangelio. Darlene dice que una mujer que estaba buscando a Dios, lo encontró. Y otra amiga asistió con su hija el viernes a la noche, regresaron el sábado, y dijeron que querían saber más de la iglesia y del Señor. Darlene dice que había estado pidiéndole al Señor una manera de acercar a estas mujeres a Dios, y la cruzada había sido el medio. Ella comprendió que tenía la responsabilidad de alcanzar para Jesucristo a quienes Dios había puesto cerca de ella.

Y esto también se aplica a cualquier hombre o mujer, sean personas de negocios, amas de casa, obreros o estudiantes. Dios nos ha puesto dondequiera que estemos, no tan sólo como otro ejecutivo, otra madre u otro estudiante, sino como sus hijos que tienen las llaves del reino.

Cuando Pedro recibió esta comisión de increíble autoridad, había llegado a un punto hermoso y emocionante en su vida. Pero de aquí en adelante todo el proceso de su madurez iba a cambiar. Pedro no estaba preparado para vivir con semejante responsabilidad. Y como muchos de nosotros, tenía que llegar al final de sus fuerzas para que Cristo pudiera hacer su obra en él.

# Capítulo 4

# OBSTÁCULOS EN LA MADUREZ

Todo el que quiera ser un cristiano eficaz y fructífero, hallará obstáculos en el camino. A menudo nuestra vida espiritual es una sucesión angustiosa de emocionantes bendiciones y dolorosos fracasos.

Recuerdo cuando con Patricia, mi esposa, llegamos a Costa Rica, emocionados porque al fin comenzábamos a trabajar como misioneros. Patricia debía ir a la escuela de idiomas para aprender español, y empezamos a buscar a una señora que ayudara con los quehaceres domésticos. No encontramos a nadie. De modo que Patricia iba a sus clases de idioma mientras yo me quedaba en casa cuidando a los mellizos. Fueron tres semanas muy largas.

Después de un par de días, no aguanté más. Le dije al Señor con impaciencia:

¿Para esto vine aquí? Acá estoy, supuestamente como misionero, pero en vez de predicar y ganar almas, tengo que quedarme en casa día tras día... dando de comer a los bebés y cambiando pañales.

La confianza en mí mismo nuevamente había hecho su aparición. Pensé que sabía mejor que Dios lo que Él quería que yo hiciera durante esas tres semanas, de modo que le dije cuáles eran mis planes. Y el Señor tuvo que recordarme la necesidad de confiar en su perfecta voluntad y en el tiempo divino.

Todos encontraremos obstáculos para alcanzar madurez. No hay maneras de acelerar el proceso, ni otro modo de aprender obediencia y confianza si Cristo no obra en nosotros.

Somos tan tercos, tan rebeldes y tan confiados en nosotros mismos, que el Señor debe enseñarnos a vernos tal como somos; no como otros nos ven, sino como Él nos ve. Sólo entonces, con absoluta humildad, nos daremos cuenta de cuánto lo necesitamos.

Jesucristo tiene que actuar contra estos obstáculos a la madurez y quitarlos uno a uno de tu vida y de la mía. Cuando Dios permite que pasemos por pruebas y problemas, está tratando de eliminar de nuestra vida todo lo que impide el proceso de crecimiento.

## PRIMER OBSTÁCULO

### Negarse a tomar la cruz

Hemos estudiado buena parte de la vida de Pedro y cómo progresó desde su primer encuentro con Cristo hasta el gran momento cuando aprendió una lección sobre la fe y caminó sobre el agua. Después Pedro aprendió a confiar en la Palabra de Dios y a aceptar las difíciles declaraciones de Jesús. Finalmente fuimos testigos de cómo comprendió y dio testimonio de que Jesucristo es el Hijo del Dios viviente, y fue premiado con gran autoridad y las llaves del reino.

Desafortunadamente, Pedro aún no se había encontrado con los obstáculos que pondrían a prueba su fe y su obediencia. Cuando tropezó con ellos, falló de un modo tan trágico que su conducta podría ser indicación de que no era un verdadero cristiano.

En Mateo 16.21-27 leemos sobre el primer obstáculo con que Pedro tropezó.

Desde entonces empezó a decirles claramente que era imprescindible que fuera a Jerusalén, que sufriría mucho en manos de los dirigentes judíos, y que, aunque al fin lo matarían, a los tres días resucitaría. Pedro, inquieto, lo llamó aparte y lo reprendió:

¡Dios guarde, Señor! le dijo. ¡A ti no te puede pasar nada!

¡Apártate de mí, Satanás! dijo Jesús dando media vuelta. ¡Me eres un estorbo! ¡Estás mirando las cosas desde el punto de vista humano y no del divino!

Y dijo a los discípulos:

Si alguien desea seguirme, niéguese a sí mismo, tome su cruz y sígame. Porque el que trate de vivir para sí, perderá la vida; pero el que pierda la vida por mi causa, la hallará. ¿De qué les sirve ganarse el mundo entero y perder la vida eterna? ¿Habrá algún valor terrenal que compense la pérdida del alma? Yo, el Hijo del Hombre, vendré con los ángeles en la gloria de mi Padre y juzgaré a cada persona según sus obras.

## La mente no redimida

Poco después que Jesús hubo hecho a Pedro tan grandes promesas en recompensa a su confesión de fe, Pedro tiene la audacia de darle instrucciones al Señor. Jesús estaba hablando a sus discípulos sobre la cruz, diciéndoles que tendría que morir y derramar su sangre para la redención del mundo.

Mostrando gran ignorancia y arrogancia, Pedro se atrevió a contradecir la enseñanza de su Señor. Quizás creía que su nueva autoridad también le daba derecho de cuestionar a Cristo.

Pedro no fue el primero ni será el último en decirle a Cristo qué es apropiado y qué no lo es. Hay quienes hacen exactamente eso porque no pueden aceptar ciertas posturas de la Biblia. No rechazan todo, pero hacen a un lado ciertos pasajes y cuestionan muchos otros.

Algunos quieren dejar de lado las enseñanzas sobre el infierno. Otros dicen que la doctrina de la sangre de la cruz es particularmente ofensiva. Alegan que la cruz es una idea atrasada del pasado, de una sociedad sin sofisticación, y agregan que hablar de morir en una cruz y derramar sangre es repulsivo al hombre culto e intelectual.

Sin embargo, la cruz no es repulsiva para la persona intelectual que reconoce lo profundo de su maldad, egoísmo y pecado. Cuando hombres y mujeres se ven a sí mismos como Dios los ve, recién entonces pueden darse cuenta de que tan sólo en la sangre de Cristo hallarán la esperanza que buscan.

Cristo aprovechó esta ocasión para demostrar que el evangelio es diametralmente opuesto a la naturaleza humana no redimida. En Romanos 8.6-8 leemos: *El dejarse conducir por el Espíritu Santo produce vida y paz, pero el dejarse conducir por la vieja naturaleza produce muerte, porque la vieja naturaleza pecaminosa que está en nosotros, siempre se rebela contra Dios. Nunca ha obedecido la ley de Dios y nunca podrá obedecerla. Por eso, los que continúan bajo el dominio de su antiguo yo pecador y se empeñan en continuar con sus perversidades, jamás podrán agradar a Dios.*

La mente humana no redimida es hostil al evangelio. Nadie puede aceptar el mensaje de redención por la sangre de Cristo hasta que el Espíritu Santo llega al alma y la ilumina. La mente humana se rebela contra la idea de que el Hijo de Dios dio su sangre en la cruz. Muchos creen que la humanidad no puede ser tan mala. El razonamiento de algunas personas es: «Tiene que haber alguna otra manera para llegar a Dios». Nos rebelamos contra Jesús exactamente como lo hizo Pedro.

Cristo no permitirá que un verdadero cristiano permanezca en error por mucho tiempo. Él usa nuestras equivocaciones para continuar enseñándonos. Cada vez que Pedro se equivocaba, Cristo salía a su encuentro. Con nosotros actúa de la misma manera.

Yo solía tener un vecino con quien conversaba de tanto en tanto. Sin embargo no le hablé del evangelio.

Después de todo me decía, parece completamente inmune a los problemas de la vida.

Con el tiempo mi vecino cambió. Su rostro ya no mostraba alegría. Su matrimonio estaba en problemas. Sentí el deseo de hablar con él, pero no quería meterme en su vida. De manera que me ocupé de lo mío y partí para una cruzada evangelística. Después de todo, parecía ser lo correcto.

Cuando regresé a casa me enteré de que mi vecino se había suicidado. El corazón me dio un vuelco. Sabía que debía haber hablado con él acerca de Jesucristo. No lo hice porque traté de actuar con falsa cortesía y de seguir las normas sociales corrientes.

Por cierto que desde entonces traté de no volver a cometer el mismo error.

Cuando Pedro hizo objeciones a que Cristo fuese al sacrificio de la cruz, habrá esperado que el Señor le agradeciera el gesto. Después de todo, estaba mostrando su profundo amor al Señor, y su protección. Sin embargo, Cristo lo reprendió porque Pedro estaba pensando como hombre y permitía que Satanás lo influenciara.

Pedro se habrá sorprendido por aquella reprensión tan fuerte. La reprensión llegó porque Pedro no había aprendido aún que debía morir a su voluntad, a sus propios deseos, preferencias y opiniones, y debía permitir que Cristo gobernara totalmente su vida, sin contradicciones ni oposición.

Satanás se empeña en oponerse a Cristo y a su obra redentora. No es de extrañar, entonces, que la respuesta de Cristo a la preocupación de Pedro fuera un duro reproche de la influencia de Satanás sobre el apóstol.

### Llevar la cruz

Jesús no sólo habló de su propia muerte, sino que también enseñó que la muerte es la puerta a la vida. Dijo: «Si alguno quiere seguir mis pasos, debe abandonarlo todo, tomar su cruz y seguirme».

¿Qué es la cruz? Yo lo entiendo de la siguiente manera: llevar mi cruz significa que cada vez que la voluntad de Dios se cruza con mi voluntad, yo escojo la suya. Llevar la cruz no significa tolerar a una suegra de carácter agresivo, o soportar un problema financiero, por difíciles que resulten estas cosas. Llevar la cruz es mucho más. Cuando nuestra propia voluntad y conveniencia se oponen a la voluntad de Dios, y humildemente escogemos seguir la voluntad divina, estamos tomando la cruz.

Cuando estuve en Latvia, conocí a un extraordinario héroe de la fe llamado Josef Bondarenko. Cuando joven, Josef había empezado a predicar el evangelio y lo llamaban «el Billy Graham de Rusia».

A los veintidós años, la KGB lo arrestó por predicar y lo puso en la cárcel durante más de tres años. Recuperó la libertad, pero luego de un año la KGB lo encarceló nuevamente. Fue liberado, y volvió a suceder lo mismo. Josef estuvo en prisión tres veces durante un total de diez años y medio. De acuerdo a una perspectiva humana, había desperdiciado los mejores años de su vida. Sin embargo, su fiel predicación del evangelio dio como resultado muchas vidas cambiadas para la eternidad.

Durante su tercera sentencia de prisión, un coronel de la KGB llamó a Josef a su oficina privada.

Josef dijo el coronel, yo soy quien te puso en prisión estas tres veces. La única razón para hacerlo era que tú insistías en predicar el evangelio. Sin embargo, durante todos estos años nunca ha habido una maldición de tu parte. Y lo que es más, hay quienes te han escuchado orar por nosotros. ¿Crees que hay esperanza para mí? ¿Podrá perdonarme Dios?

Desde el punto de vista humano, Josef tenía derecho al enojo y a la amargura. Él podría haberse negado a contarle al militar cómo Jesucristo puede cambiar una vida. Sin embargo, Josef tomó su cruz. Con humildad decidió seguir la voluntad de Dios, no la propia. ¿El resultado? Josef guió al Señor a este coronel.

Tomar la cruz es la más dura lección que debe aprender el cristiano. Hay millares de creyentes que todavía son bebés espirituales porque se han detenido en este obstáculo y no pueden seguir adelante. No pueden aceptar la cruz de Jesucristo.

Cuando rendimos a Dios nuestra voluntad y todo aquello que nos hace orgullosos y arrogantes, habremos vencido un gran obstáculo para el crecimiento espiritual. Debemos estar dispuestos a decir: «Señor, todo lo que tengo, intelecto, posición social, habilidad para ganar dinero, todo esto es un regalo que me has hecho. Tú me diste estas capacidades y te doy gracias por ellas; pero Señor, quiero hacer tu voluntad en mi vida».

Cuando rendimos nuestro «yo», comienza a brotar la vida. En Gálatas 2.20 podemos leer: *Estoy crucificado con Cristo, y ya no vivo yo, mas Cristo vive en mí. Y esta vida verdadera que ahora tengo es el resultado de creer en el Hijo de Dios, quien me amó y se entregó por mí.*

## La vida abundante

Cuando una persona llega a la cruz y decide hacer la voluntad de Dios en vez de la propia, empieza la verdadera vida. Y cuando Cristo que mora en él empieza a tener el control, la vida empieza a rebosar. Jesús lo prometió en Juan 7.37-38 cuando dijo: *Si alguno tiene sed, venga a mí y beba. Las Escrituras declaran que ríos de agua viva fluirán desde lo más profundo de los individuos que crean en mí.*

En otras palabras, cuando una persona llega al fin de sus fuerzas y dice: «Tengo sed, estoy necesitado, y en mí no tengo lo necesario para salir adelante», el Espíritu Santo toma el control y el agua de vida empieza a fluir.

Cuando los cristianos están llenos del Espíritu Santo, están en paz con el Señor y en paz con sí mismos. No son orgullosos, altivos, ni egoístas. La vida de estos cristianos parece decir: «Jesucristo tiene el control de mi vida».

Todos podemos saber si el Espíritu Santo está fluyendo a través de nosotros o si, por el contrario, tratamos de vivir en nuestras fuerzas. Cuando Cristo toma el control, el interior de esa persona está saturado de quietud y de paz, y éste se convierte en un estado normal para el creyente.

Sin embargo, hasta tanto eliminemos los obstáculos que nos impiden una plena obediencia a Cristo, seremos cristianos incompletos, intranquilos y descontentos. No hay alternativa en cuanto a aprender a llevar la cruz.

## SEGUNDO OBSTÁCULO

### Una lengua descontrolada

Nuestra lengua parece meternos en problemas constantemente. A veces son cosas sin importancia. Otras veces son fallas enormes.

Una de las señales de que Cristo no controla nuestra vida es una lengua suelta que fácilmente dice cosas que lastiman a la gente. Pedro tenía ese problema.

En Mateo 17.2-8 leemos:

Y se transfiguró delante de los discípulos. Su rostro se volvió brillante como el sol, y su ropa blanca como la luz. De pronto Moisés y Elías aparecieron y se pusieron a hablar con Él. Pedro, atónito, balbuceó:

Señor, ¡qué bueno que nos pudiéramos quedar aquí! Si quieres, podemos hacer aquí mismo enramadas, una para ti, otra para Moisés y otra para Elías.

Pero mientras hablaba, una nube resplandeciente los cubrió y una voz dijo desde la nube:

Este es mi Hijo amado; en Él me complazco. Obedézcanlo.

Los discípulos se postraron en tierra temblando de miedo. Jesús se les acercó y los tocó.

Levántense les dijo. No tengan miedo.

Y al levantar la mirada encontraron sólo a Jesús.

Pedro, Jacobo y Juan habían presenciado una maravillosa escena: el Hijo de Dios transfigurado, tal como será cuando venga en gloria, y a su lado Moisés y Elías. Jesús y sus acompañantes estaban hablando de la cruz, de la redención que tendría lugar en Jerusalén, y del momento más solemne y trascendental de la historia, cuando el Hijo de Dios moriría por los pecados de la humanidad. ¡Qué gloriosa revelación de la presencia de Dios!

Pero Pedro, con su lengua sin control, nuevamente se atrevió a interrumpir a Jesús: «Señor, es maravilloso estar aquí. Si quieres, yo construiré enramadas; una para ti, otra para Moisés y otra para Elías».

Aquí está el «yo» de Pedro saliendo a la superficie. Se ofreció para hacerse cargo de los detalles y levantar los memoriales. Pero antes de que terminara su breve discurso, Dios interrumpió. Apareció una nube brillante que los cubrió y se escuchó la voz del Padre: *Este es mi Hijo amado; en Él me complazco. Obedézcanlo.*

El Padre estaba diciendo: «Pedro, calla; éste es el Hijo de Dios. Haz silencio y escúchalo». La sinceridad con que había hablado Pedro seguramente hizo que la reprensión de Dios fuera más sorpresiva aún. Tomamos muy poco tiempo para escuchar a Dios porque somos arrogantes y confiados. Apreciamos nuestras propias opiniones, y creemos que Dios se sentirá complacido.

Muchos cristianos padecemos de lo mismo: sincera ignorancia. Queremos hacer lo justo, queremos agradar al Señor; y sin embargo, todo lo que hacemos parece dar como resultado reprensión en lugar de bendición.

El orgullo no crucificado nos causa problemas, y a veces Cristo debe usar fuertes procedimientos tácticos.

## Tratamiento de shock

Quizás las últimas palabras del Señor a Pedro parezcan un poco duras: primero lo llamó Satanás y luego le dijo que se quedara quieto. Pero es que a veces necesitamos tratamiento de shock, que resulta ser un buen método cuando se lleva a cabo con amor.

En mi vida Dios utilizó a dos personas para darme golpes formidables, golpes que enderezaron mi vida.

Una persona fue Ray Stedman. Por medio de él Dios me llevó desde la Argentina a los Estados Unidos de América. Este hombre me amaba como si yo fuera su hijo, y yo lo respetaba como a un padre. Aun cuando Ray estuviera en toda clase de dificultades y presiones, yo podía ver en él el carácter y temperamento de Jesucristo más que en cualquier otra persona que haya conocido. Su vida fue un gran ejemplo para mí. Yo quería servir a Cristo, como Pedro, pero cuando llegué a los Estados Unidos sabía poco y nada de la realidad de Cristo morando en mí. Yo no comprendía que la obra en mi vida no debía hacerla Luis Palau sino Cristo.

Y como todo joven que quiere servir a Cristo, yo tenía un buen concepto de mí mismo. Había sido educado en escuelas de habla inglesa, y además había completado el programa educativo de Cambridge. Había enseñado en la Escuela Dominical y había predicado en reuniones al aire libre. Era con un gran sentimiento de orgullo que predicaba esos breves mensajes. Me parecía que hablaba con gran autoridad y experiencia.

Un día Ray Stedman dijo que quería decirme algo. Sabía que yo había comenzado el noviazgo con Patricia, quien tiempo después se convirtió en mi esposa, y que yo no le había dado la noticia a una muchacha que había sido mi noviecita en la

Argentina. Muchas veces Ray me había animado a escribirle a esta joven, pero yo no lo había hecho.

Ese día Ray volvió a mencionar el tema.

No se preocupe contesté yo; cuando regrese a casa hablaré con quien sea necesario y arreglaré las cosas.

¿Sabes una cosa, hijo? dijo Ray poniendo su brazo sobre mis hombros. Estás convencido de que con esa boca tuya puedes solucionar cualquier problema.

Yo quise protestar, pero él me hizo callar.

Luis, uno de estos días, con esa boca vas a cavar un pozo tan profundo que ni siquiera Dios podrá sacarte de allí... a menos que cambies.

¡Qué golpe que sentí! Pero Ray continuó hablándome con cariño: Luis, eres tan orgulloso y presumido que se te sale por los poros. Y no te das cuenta.

Cuando dijo eso, supe que era la voz de Dios. No necesitaba que nadie me lo confirmara. Mi amigo tenía razón. Eso me llevó a tomar una decisión. Fue el principio de un gran cambio en mí.

En Proverbios 27.6 leemos: *Más valen las heridas del amigo que los besos del enemigo.* Cuando alguien realmente te ama y ve una debilidad en tu vida, pondrá su brazo a tu alrededor y te hablará con sinceridad. Quien tiene un amigo o una amiga capaz de hacer esto es afortunado.

Poco tiempo después me casé, y Patricia y yo fuimos enviados a Detroit, en los Estados Unidos, para estudiar sicología. Allí el Señor tenía preparada otra lección para mí. Con este golpe final Él deseaba llevarme a la cruz de una vez y para siempre.

Patricia y yo eramos misioneros que trabajan en una iglesia local. Yo tenía que ayudar al pastor. La iglesia, por su parte, nos dio alojamiento en el altillo de la casa de una anciana un tanto excéntrica. La mujer se negó a darnos una llave, y tenía la costumbre de entrar en nuestra habitación cuando le daba la gana. Hacía sólo tres semanas que estábamos casados, y como todo recién casado deseábamos estar solos.

Yo estaba tan enojado que, en vez de dirigirme al director del programa misionero, escribí al director de la organización SEPAL que supervisaba dicho programa misionero. Amenacé con irme. Le dije que si quería despedirme de SEPAL podía hacerlo, pero que de uno u otro modo nos sacara de aquel altillo.

Inmediatamente SEPAL le escribió a Fred Renich, el director de nuestro programa local, diciéndole: «¿Qué están haciendo con esta joven pareja? ¡La enviamos a usted para que recibieran entrenamiento, y usted los ha puesto en una situación imposible...!»

Renich actuó inmediatamente. Sin embargo, percibió mi arrogancia, mi falta de humildad y el carácter cristiano inmaduro que se evidenciaba en mi comportamiento. Me llamó y me dijo:

Luis, tengo aquí una carta que me ordena sacarlos del altillo donde ustedes viven. Mañana mismo podrán mudarse de piso. Pero quisiera preguntarte: ¿Por qué no viniste a mí en vez de escribirle al director general?

Quería estar seguro de que habría acción inmediata contesté.

La forma de hacerlo era viniendo primero a mí respondió. El modo en que has procedido me hace parecer un títere ante el director general. Tu proceder me ha dolido. Permíteme decirte algo más prosiguió. Si miras a tu esposa, Patricia, observarás que ella es callada, amable y comprensiva. Si no dejas que Cristo gobierne tu vida estarás avasallándola siempre. Ella terminará abrumada, y ni siquiera te darás cuenta. Piensa en tu vida pasada. Me animo a decir que a lo largo del camino hay restos de personas a quienes has pisoteado y lastimado con tu temperamento agresivo. Y probablemente no te hayas dado cuenta.

Yo estaba estupefacto. Todo lo que Renich había dicho era verdad. Miré hacia atrás, y recordé a muchas personas a las que había dañado cruelmente con mi orgullo y sentido de justicia propia. Recordé a algunos maestros de la Escuela Dominical que habían dejado el ministerio a causa de mis exigencias como superintendente. Yo pensaba que mi rigor era disciplina, pero comprendí que por mi egoísmo y orgullo había pisoteado a otros.

El tratamiento de *shock* que Jesucristo le dio a Pedro fue necesario. Jesús lo utilizó para mostrarle a este apóstol su propio interior, para mostrarle quién era en realidad: una persona arrogante e inútil.

Pedro se negaba a comprender que era imposible seguir su propia voluntad y la voluntad de Dios al mismo tiempo. Tampoco era posible continuar con su «yo» si quería que Cristo fuera el todo en su vida. Todas las lecciones que aprendió Pedro lecciones para las que en mi caso Dios utilizó a Ray Stedman y Fred Renich eran la manera que Dios tenía para decirle a él y decirme a mí que Cristo debe tener la preeminencia en nuestra vida.

Permite que Él te controle, y serás la clase de persona que deseas ser, y que Dios quiere que seas. ¡Alabemos a Dios por sus tratamientos de *shock*!

# Capitulo 5

# MAS OBSTÁCULOS

Durante una de las transmisiones televisivas de *Luis Palau Responde*, nuestro programa evangelístico donde la gente llama por teléfono, hablé con la esposa de un pastor cuya hija había sido asesinada. En un incidente aparte, el hijo de la mujer había recibido una fuerte golpiza y lo habían abandonado dándolo por muerto. Durante nueve años esta mujer había vivido con esos recuerdos, y sentía un odio tan grande hacia los culpables, que le parecía que jamás podría superarlo.

¿Quién podría odiar a esta mujer por odiar de tal manera? Sin embargo, tal como ella descubrió, el odio la estaba comiendo viva y estaba imposibilitando su crecimiento espiritual. Ella no estaba experimentando el gozo y la paz que Jesús desea para todos los creyentes.

Jesucristo dijo: *Mi propósito es dar vida eterna y abundante* (Juan 10.10). Cristo quiere que cada hombre y cada mujer vivan una vida abundante, una vida gozosa, verdadera y feliz. Cuando Jesucristo toma a un creyente, su objetivo es hacerlo crecer tan pronto como sea posible y así convertirlo en un verdadero hombre o mujer de Dios. Cristo vino para que podamos ser transformados a su imagen. Él quiere darnos su mismo carácter.

Piensa en la famosa promesa de Filipenses 1.6: *Y estoy seguro que Dios, que comenzó en ustedes la buena obra, les seguirá ayudando a crecer en su gracia hasta que la obra que realiza en ustedes quede completa en el día en que Jesucristo regrese.* ¡Qué gran consuelo para cada creyente! Cuando Cristo entra en el corazón de una persona, terminará su tarea. Lo que empezó lo habrá de terminar. Si Él vino a la tierra, se hizo hombre y se dejó crucificar para que nosotros pudiéramos tener perdón y ser limpiados, ¿no es lógico pensar que quiere terminar la tarea? ¡Por supuesto que sí! Él no habrá de empezar algo para luego abandonarlo. Lo que hizo le costó demasiado.

Pedro había comenzado su proceso de madurez espiritual, y podemos verlo en vías de ser alguien «completo». Cada uno de nosotros se halla en este proceso. Sin embargo, el lugar a que hayamos llegado depende de lo dispuestos que hayamos estado para que Cristo controle nuestra vida. Como creyentes, nuestra responsabilidad es cooperar con Jesucristo, permitiéndole hacer su voluntad en nuestra vida.

Esta cooperación fue difícil para un hombre terco como Pedro. Jesucristo pasó muchos meses para llevar a Pedro al punto de obediencia. El Señor finalmente tuvo que sacudirlo vivamente para que dejara su propia voluntad. Pero los shocks que Pedro recibió fueron saludables y causaron la interrupción de su antiguo modo de vida. En cada nuevo obstáculo que

Pedro encontraba en su camino a la madurez, aprendió un grado mayor de obediencia a su Maestro. Cristo utilizó los fracasos de Pedro para enseñarle y enseñarnos a nosotros cómo caminar con Dios. Pedro es un excelente ejemplo para estudiar este proceso en vista de que falló tan a menudo y de manera tan trágica.

## TERCER OBSTÁCULO

### Contaminación no admitida

Recuerdo un avivamiento que tuvo lugar durante una semana de reuniones evangelísticas en Cali, Colombia. Era la primera vez que yo veía esta clase de confesión y quebrantamiento entre la gente. Más de 130 personas recibieron la salvación.

El último domingo de la campaña, uno de los ancianos de la iglesia se puso de pie en la reunión, y empezó a quejarse... mientras treinta y cinco de los nuevos creyentes que habían aceptado a Cristo esa semana observaban y escuchaban.

Pastor dijo, estoy disgustado porque las flores que yo traje no se usaron para decorar la iglesia. Era mi turno para comprar flores, pero otra persona trajo flores también y ésas son las que se utilizaron. Yo gasté dinero que me cuesta ganar, y ni siquiera se aprecia el gesto.

Y así continuó, probablemente sin darse cuenta de que el enojo y la amargura habían contaminado su vida. Tal vez sintió que al llevar flores a la iglesia estaba sirviendo a Dios, pero creo que Dios estaba más interesado en corregir esa actitud de pecado.

Jesús nos advierte sobre esta actitud en Juan 13.4-11, cuando lavó los pies de sus discípulos. Usó el incidente para enseñarles a ellos y enseñarnos a nosotros el peligro de la contaminación no admitida.

En el Medio Oriente había polvo por todas partes y los caminos no estaban pavimentados. Cuando alguien iba a una comida o a una reunión social, si bien se bañaba antes de salir, se ensuciaría los pies en el camino hasta la casa de su hospedador. Los pies llenos de polvo no eran agradables en una comida, especialmente teniendo en cuenta que los comensales no se sentaban a la mesa, sino que se reclinaban sobre una alfombra y almohadones. Era costumbre, entonces, que un criado de la casa lavara los pies de los invitados.

En esta ocasión Cristo y sus discípulos se habían reunido para la Pascua, que nosotros llamamos la Cena del Señor. Ellos no tenían esclavos que pudieran lavar los pies. Así que el Señor Jesús mismo se quitó su atuendo más grueso, se arremangó, tomó un recipiente con agua y empezó a lavarles los pies.

Todos tenían pies polvorientos. Todos estaban sucios. Pero cuando Jesús llegó donde estaba Pedro, éste objetó que Jesús le lavara los pies.

Leemos que Pedro dijo:

*¡Jamás permitiré que me laves los pies!*

*Si no lo hago replicó Jesús, no podrás identificarte conmigo.*

*¡Entonces no me laves solamente los pies! exclamó Pedro. ¡Lávame de pies a cabeza!* (véase Juan 13.8,9.)

Pedro era sincero al no querer que Cristo se arrodillara para lavarle los pies. Aquí tenemos a un hombre con pies sucios, pero que no se daba cuenta de su necesidad. O si la reconocía, no quería que Cristo la remediara.

¡Cuántas veces pensamos que todo está bien, que no necesitamos limpieza diaria por la Palabra de Dios y la sangre de Jesucristo! ¡Qué tremendo obstáculo a la madurez! Miles de cristianos creen que todo va bien en sus vidas, que todo está bajo control. Creen que las tentaciones acosarán sólo a los débiles o inmaduros, pero pasan por alto el hecho de que cada creyente necesita lavarse los pies todos los días.

## Corazón desafiante

Pedro no sólo estaba contaminado sino que además tenía un corazón desafiante. La simple suciedad no preocupaba al Señor. Él nos conoce individualmente y no se escandaliza por tu contaminación o la mía. Al Señor le preocupaba el corazón desafiante de Pedro. Cuando éste se negó a que Jesús le lavara los pies, el Señor respondió con una fuerte declaración:

*Si no lo hago, no podrás identificarte conmigo.*

¿Qué quería decir el Señor? Él conocía el amor de Pedro, su entrega y su sinceridad.

Lo que el Señor debía enseñarle a Pedro era que si no recibía limpieza de la contaminación diaria de las impurezas de la mente, el corazón y el alma que se acumulan al caminar por el mundo, no podría gozar de amistad con Cristo. Pedro no podría producir fruto porque un vaso contaminado no puede tener en sí bendición ni puede esparcirla.

Cada día podemos ser contaminados por pecados «grandes» o pecados «pequeños». No importa. El creyente debe volver diariamente a los pies de Jesucristo para ser limpiado, restaurado y refrescado.

Es interesante notar que la respuesta de Pedro a este incidente demuestra un corazón sincero. Cuando Jesús le dijo que no podría identificarse con Él si no lo lavaba, Pedro exclamó en tono de urgencia que por favor lo lave de pies a cabeza.

A pesar de su rebeldía, su corazón era sincero. No tenía intenciones de alejarse del Señor, y la posibilidad de que sucediera lo alarmó. Como de costumbre, no se vio a sí mismo tal como debía. Para asegurarse de que seguiría teniendo el privilegio de su relación con Cristo, pidió un lavado de cuerpo entero si el Señor así lo requería. Pedro podía ser terco, pero su corazón era sincero. Gracias a Dios que Él nos juzga de acuerdo a la actitud de nuestro corazón.

La Escritura está llena de ejemplos de personas así. El rey David cometió muchos errores, incluso tremendos pecados. Cayó en adulterio con la esposa de uno de sus soldados, y luego hizo matar al soldado para encubrir el embarazo de la mujer. Sin embargo, esto es lo que Dios dice acerca de David: «David, hijo de Isaí, es un hombre conforme a mi corazón» (Hechos 13.22). ¿Por qué? Porque el hombre mira la apariencia exterior, pero Dios mira el corazón.

Dios puede hacerse cargo de nuestras tentaciones y fracasos si estamos dispuestos a continuar confiando en Él. Dios conoce las debilidades de sus hijos. En algún momento todos hemos sido seriamente tentados por algo. Hasta Jesús fue tentado, aunque Él nunca pecó.

Conozco a personas que aseguran no tener problemas con la tentación. ¡Por favor! O bien están tratando de esconder algo, o están tan lejos de Cristo que no reconocen su necesidad.

También he conocido a personas que se ofenden si se les habla de tentaciones sexuales. Esta gente a veces siente que una vez que somos cristianos, ya no tenemos problemas de esta clase. Estas personas o bien se están burlando o se engañan a sí mismos, o son totalmente distintos a mí. Toda persona normal es tentada continuamente desde su juventud y a través de su vida.

Recuerdo haber hablado con un médico de 85 años, misionero en Argentina, un distinguido hombre de Dios. Yo tenía 17 años y lo consideraba un héroe. Un día vino a casa, como solía hacerlo de vez en cuando, y decidió hablarme a solas. Yo estaba experimentando todas las luchas y tentaciones propias de un adolescente, y deseaba fervientemente que llegara el día en que viviera tan cerca de Dios como para no tener tentaciones.

En aquel tiempo yo estaba convencido de que sólo los jóvenes tenían tentaciones sexuales, y que en cuanto se casaran las tentaciones desaparecerían. Hay muchos que aún creen eso. Este doctor parecía ser tan justo y puro a mis ojos, que quedé asombrado cuando en el curso de nuestra conversación manifestó con toda sinceridad que todavía tenía tentaciones sexuales.

Para mí fue una revelación. Constantemente los cristianos tienen que hacer frente a la tentación, pero el Señor ha provisto ayuda con su presencia en nuestra vida.

## CUARTO OBSTÁCULO

### No aceptar las advertencias de la Escritura

Patricia, mi esposa, tiene una amiga a quien llamaré Carola cuyo esposo hace poco la dejó por otra mujer. Patricia sabía que Carola había quedado herida, devastada. Patricia creyó que su amiga podría sentirse tentada, en primer lugar a vengarse de su esposo, y en segundo lugar a flirtear con otros hombres para demostrarle a su esposo que ella aún «estaba en circulación». De modo que Patricia decidió escribirle una carta directa, sin rodeos, pero con amor aunque se preguntó si Carola volvería a dirigirle la palabra.

Tiempo después visitamos a Carola, y ella sacó la carta de Patricia.

He tenido tentaciones en las dos áreas que mencionaste comentó, así que llevo la carta en mi bolso.

Carola había aceptado la carta de Patricia como una advertencia de parte de Dios. Y porque prestó atención a la advertencia, Dios la protegió de lo que hubiera sido un error desastroso.

El Señor con gracia nos advierte a través de su Palabra y a través de otros creyentes. Vez tras vez la Escritura advierte a los creyentes en cuanto a los obstáculos y problemas de la vida cristiana, y nos da pautas para nuestra conducta. Nos dice que debemos tener especial cuidado cuando más confiados nos sentimos pues ese es el momento en que más bajaremos la guardia. A menos que aceptemos las advertencias, somos candidatos al fracaso.

Consideremos el caso de Pedro, que finalmente ignoró la advertencia que le hizo Jesús en Juan 13.36-38:

¿A dónde vas, Maestro? preguntó Pedro.

Ahora no puedes venir conmigo, pero me seguirás después.

Pero, ¿por qué no puedo ir ahora? ¡Estoy dispuesto a morir por ti!

¿A morir por mí? respondió Jesús. No. Mañana por la mañana, antes que el gallo cante, ya habrás negado tres veces que me conoces.

En Lucas 22.31-34 Pedro nuevamente ignora una importante advertencia:

Simón, Simón, Satanás ha pedido que se le permita zarandearte como a trigo. He orado que no falles completamente. Cuando te hayas arrepentido, Pedro, y hayas vuelto a mí, fortalece y cultiva la fe de tus hermanos.

Señor, estoy dispuesto a ir a la cárcel contigo, ¡y hasta a morir contigo!

Pedro le respondió el Señor, déjame decirte algo. ¡Antes que el gallo cante, negarás tres veces que me conoces!

A pesar de que Cristo había advertido a Pedro que Satanás lo acosaría, Pedro no tomaba en serio la advertencia. Él todavía no se conocía a sí mismo. Creía de todo corazón que estaba dispuesto a ir a la cárcel y hasta a morir por Cristo, e insistía en que, aun cuando todos los otros negaran al Señor, él permanecería fiel. Pedro no se daba cuenta de que Satanás era una amenaza real.

## Recuerda que Satanás es real

¿Cuál es la razón por la que un hombre cristiano casado de repente se va con una jovencita? ¿Por qué abandona a su esposa e hijos, y causa amargura, agonía, soledad y destrucción, tanto en su vida como en la de su familia?

Hemos hablado con muchos hombres y mujeres que fallaron en esta área y dicen: «No sé qué pasó. Si pudiera volver al pasado, nunca tomaría esa decisión».

Todos hemos sido tentados a hacer cosas que, al fin de cuentas, nos lastiman a nosotros, a nuestro cónyuge, a nuestros hijos. ¿Por qué sucede? La explicación es simple: Satanás. La Biblia nos previene enérgicamente en cuanto a nuestro enemigo.

La Escritura nos advierte que Satanás es un enemigo real. No es un cuento para asustar a los niños. No es producto de la imaginación creada para controlar a la gente mala. Satanás es un ser vivo y está activo.

Mira a tu alrededor. ¿Ves familias golpeadas por Satanás en tu barrio o en tu iglesia? ¿Ha sucedido en tu propia familia?

Cuando no tomamos en serio las advertencias de la Biblia sobre el poder de Satanás, y la necesidad de confiar permanentemente en el poder de Cristo que vive en nosotros, nos estamos encaminando al desastre. Si crees que puedes ignorar las advertencias de la Escritura y puedes evitar la influencia de Satanás, estás corriendo un grave riesgo. Las personas más dedicadas a Dios y mejor disciplinadas son, a veces, las mismas que caen de cabeza. Piensa en los tantos líderes cristianos que han caído en pecado en los últimos años.

Efesios 6.10-20 nos exhorta a prepararnos para poder resistir las asechanzas del diablo. Nos dice que seremos atacados por Satanás y que enfrentaremos días malos, pero podemos permanecer fuertes porque estamos preparados, vestidos y armados con la Palabra de Dios.

Los ataques de Satanás resultan inútiles para los cristianos preparados. El creyente depende de las promesas del Señor Jesús. Eso es todo lo que necesita.

## Usa armas espirituales

Las *armas carnales* son otro obstáculo que impide la madurez de los cristianos.

Recuerdo que cuando era joven le di un ultimátum a Dios. Yo quería ganar almas para Cristo, pero sentía que no tenía el don de evangelismo. Trataba y me esforzaba, pero nadie aceptaba a Cristo como Salvador.

Decidí ponerle a Dios una fecha límite: «Si no veo convertidos para fin de año, abandono todo». Iba a seguir siendo un cristiano activo, pero planeaba simplemente enseñar a otros creyentes.

Llegó fin de año. Pasó fin de año. No había convertidos. Me había convencido de que no tenía el don de evangelismo.

El día 4 de enero asistí a un estudio bíblico en una casa. El predicador por alguna razón no fue, así que me reclutaron para hablar. No me había preparado, pero había estado leyendo un libro basado en las bienaventuranzas. De manera que leí Mateo 5.1-12 y repetí lo que me acordaba del libro.

Cuando llegué a la bienaventuranza de Mateo 5.8, *¡Dichosos los de limpio corazón, porque verán a Dios!*, de pronto una mujer se puso de pie.

Mi corazón no es puro dijo llorando. ¿Cómo hago para ver a Dios? Que alguien me diga cómo puedo tener un corazón limpio.

No recuerdo el nombre de la mujer, pero nunca olvidaré sus palabras: «Que alguien me diga cómo puedo tener un corazón limpio». Esa noche la mujer descubrió paz con Dios y fue a su casa con un corazón limpio y lleno de gozo.

Yo había hecho grandes esfuerzos, había usado todos mis talentos, pero no había tenido éxito. Fue sólo cuando dejé de usar armas carnales, cuando dejé de esforzarme y le permití a Dios que obrara a través de mí, que vi resultados.

En Lucas 22.35-38 Jesús enseña este principio a sus discípulos:

Y a los demás les dijo:

Cuando los envié a predicar sin dinero, sin alforja y sin calzado, ¿les faltó algo?

Nada respondieron.

Pues ahora el que tenga dinero, que lo tome, y que no se le quede la alforja. Y el que no tenga espada, venda la ropa y cómprese una. Ha llegado la hora en que se ha de cumplir aquella profecía acerca de mí que dice: «Lo condenarán como a delincuente». Todo, absolutamente todo lo que los profetas dijeron de mí se cumplirá.

Maestro le respondieron, tenemos aquí dos espadas.
¡Basta! dijo, y salió seguido de sus discípulos.

En Juan 18.10-11 leemos que mientras los soldados arrestaban al Señor Jesús, *Simón Pedro extrajo una espada y le cortó de un tajo la oreja derecha de Malco, el siervo del sumo sacerdote.*
¡Pedro! gritó Jesús. ¡Guarda esa espada! ¿Es que acaso no he de beber la copa que el Padre me ha dado?
En esta ocasión pareciera que el Señor puso a Pedro en esta situación. Hasta entonces, todas las crisis entre Pedro y el Señor Jesús habían venido de parte de Pedro. Pero cuando Jesús dijo que compraran una espada, Pedro, con celosa obediencia, compró una de buena gana.
Quizás pensó que ahora podría mostrar a todos, y a Cristo mismo, cuán fiel era y cuánto amaba a Jesús. Incluso, habrá creído que con sus acciones en defensa de Cristo podría redimir errores pasados. Cualesquiera hayan sido los motivos de Pedro, en este dramático incidente lo único que hizo fue cortar la oreja de un hombre.
Probablemente Pedro esperaba que el Señor Jesús lo alabara por su fidelidad. Pero en vez de hacerlo, el Señor le dijo que guardara su espada, mientras Él mismo reparaba el daño cometido.
Parecía como si todo lo que Pedro hacía daba como resultado reproches, advertencias, recriminaciones y críticas de parte de Cristo. Pedro se habrá extrañado mucho por lo que sucedió. Su Señor estaba a punto de ser crucificado y Jesús llamaba a esa situación «la copa que el Padre me ha dado». Pedro no entendía por qué no podía defender a su Señor ante un peligro de muerte.

Jesús entonces se lo explicó, diciéndole: «Yo podría llamar a cien mil ángeles que vendrían gustosos a defenderme». El querido Pedro, a pesar de su mucho celo y valentía, no resultaba necesario. El arma de Pedro era muy poca cosa comparada con el arma de poder de Cristo mismo.

Cuando nos sentimos desesperados y no caminamos en el poder de Jesucristo, que vive en nosotros, la tendencia es usar nuestras propias armas carnales. Puede ser algo que hemos estudiado en la universidad, un libro que acabamos de leer o algo que hemos oído decir a alguien. En vez de confiar en el poder del Dios todopoderoso que ha venido a vivir en nosotros por la resurrección de Cristo, juntamos espadas de poca utilidad y las usamos con nuestra propia fuerza.

Pero en la guerra espiritual sólo las armas espirituales son eficaces. Pablo señala: Sí, es cierto, soy un hombre ordinario con sus correspondientes debilidades, pero nunca me valgo de planes ni métodos humanos para ganar mis batallas. Para destruir las fortalezas del mal, no empleo armas humanas, sino las invencibles armas del todopoderoso Dios. Con armas tan poderosas puedo destruir la altivez de cualquier argumento y cualquier muralla que pretenda interponerse para que el hombre no encuentre a Dios. Con armas tan poderosas puedo apresar a los rebeldes, conducirlos de nuevo ante Dios y convertirlos en seres que deseen de corazón obedecer a Cristo (2 Corintios 10.4-5).

## Muestra el poder de Dios

Mientras planeábamos una cruzada en Costa Rica, pensamos que todo iría de maravillas. Pero cuando llegamos al lugar descubrimos que ciertos líderes cristianos de aquel país de repente se habían vuelto en contra del evangelismo masivo. Durante el mes de preparación habían hecho correr la voz de que el evangelismo masivo no producía resultados, que era algo anticuado, que salvar almas no tenía importancia comparado con los grandes problemas sociales de esos días.

Algunos teólogos reconocidos y respetados líderes cristianos insistían en que esta cruzada era anticuada, y que guiar gente a Cristo no tendría ningún efecto en el país. Decidieron que no iban a gastar tiempo ni dinero en una cruzada para llevar gente al Señor Jesús.

Durante la primera de las cuatro semanas de cruzada, tuve que arrodillarme día tras día y decir al Señor: «Gracias por habernos traído aquí. Sabemos que tú controlas esta cruzada. No queremos hacer las cosas nosotros. Queremos mostrar tu poder».

Me sentí muy tentado a hacer uso de armas carnales y denunciar a nuestros acusadores desde el púlpito. Fue difícil para mí mantener esta tentación bajo control, pero mi equipo y yo sabíamos que el Señor podía mostrar su poder y la relevancia que hoy día tiene el evangelismo en el mundo. Y lo haría mucho mejor que nosotros.

El resultado de nuestra fe fue emocionante.

Muchos nuevos creyentes comenzaron a ser parte activa de iglesias locales; recibimos gran cantidad de cartas de personas que habían tomado una decisión por Cristo. La estación radial de aquella ciudad recibió miles de llamadas telefónicas pidiendo que cada mañana se retrasmitieran los sermones de la cruzada. Algunos llegaron a poner avisos en los diarios solicitando a las estaciones de radio que noche a noche emitieran los mensajes. A pedido del público, entonces, los mensajes evangelísticos salieron al aire durante tres meses, dos veces al día.

Nosotros no le sugerimos a la gente que contactara las estaciones radiales. Lo hicieron ellos por su cuenta. Como resultado, los costarricenses supieron que el evangelio tiene poder para cambiar vidas. Dios no nosotros fue quien movió a la gente para vencer los obstáculos.

Cuando como cristiano te sientes tentado a usar armas carnales, admite que tu actitud es un obstáculo para la madurez. Que ésta sea tu oración: «Señor, yo querría _____, pero sé que sería un error. Sería un deshonor para ti. Quiero tener tu poder para usar tus armas, no las mías».

## Rinde a Dios tu voluntad

Después que Cristo reprendió a Pedro por haber usado su espada, la Biblia relata que Jesús fue llevado por los soldados y que Pedro lo seguía. El impetuoso discípulo todavía no había llegado al punto más bajo de su vida.

La turba condujo prisionero a Jesús a casa del sumo sacerdote. Y Pedro los seguía de lejos. Los soldados prendieron una hoguera en el patio y se sentaron alrededor a calentarse. Pedro se sentó entre ellos. Una criada, al verlo sentado al calor de la hoguera, exclamó:
¡Este hombre andaba con Jesús!
Mujer dijo Pedro nerviosamente, ¡ni siquiera lo conozco!
Al poco rato alguien lo vio también y dijo:
¡Tú tienes que ser uno de ellos!
No, señor. ¡No soy uno de ellos!
Como una hora después alguien afirmó categóricamente:
Este es uno de los discípulos de Jesús. ¡Es galileo también!
Hombre, no sé de qué hablas le respondió Pedro.

Y mientras hablaba, el gallo cantó.

En el instante mismo en que el gallo cantaba, Jesús se volvió y miró a Pedro, y éste recordó lo que le había dicho: «Antes que el gallo cante mañana, negarás tres veces que me conoces». Y Pedro salió a llorar amargamente (Lucas 22.54-62).

Pedro cometió un error crítico al tratar de defenderse, al encubrir su relación con Jesús. En Juan 12.24-25 Jesús declaró a sus discípulos que tendría que caer y morir de la misma manera que muere el grano de trigo que cae en el surco.

Si no muero añadió, siempre estaré solo. Pero mi muerte producirá muchos granos de trigo en abundante cosecha de vidas nuevas. Si ustedes aman esta vida, la perderán. Pero el que desprecia la vida terrenal, recibirá la vida eterna.

Hay millares de hombres y mujeres cristianos que son inútiles para la causa de Cristo. Pertenecen a Cristo, pero no están llenos de Cristo porque están tratando de «salvar» sus propias vidas. Siempre están protegiéndose a sí mismos, ocultando la verdad, justificándose, explicando por qué no pueden hacer esto o aquello. Debemos estar dispuestos a abandonar nuestra voluntad aceptando la suya, dispuestos a sacrificar nuestra vida por su vida en nosotros. Esto es tomar la cruz.

En esta crisis final Pedro falló de un modo total e irrevocable. Hacía pocas horas que había prometido ir a la cárcel, y hasta morir por Cristo si era necesario, y ahora había negado conocerlo. Le pareció tan importante mostrar que no existía ninguna relación con Jesús, que negó conocer a su Maestro con juramentos y maldiciones para refutar la simple opinión de una criada que no representaba ningún peligro para él.

Es doloroso ver cómo Pedro descendió hasta lo último en su negación total e innecesaria. Por cierto Dios no deseaba eso. El Señor no quiere que suframos las lógicas consecuencias de nuestras debilidades, sino que desea que nos volvamos a Él antes que esas debilidades nos lleven a dificultades críticas.

Una mujer me relató la trágica experiencia que había vivido: Mi esposo y yo teníamos un ministerio entre los niños. Estábamos dedicados a Cristo y habíamos ganado a muchos niños para el Señor. Nuestra dedicación era una fuente de orgullo y satisfacción. El cambio ocurrió con la muerte de nuestro bebé. Allí comprendimos cuán encantados estábamos con nuestra manera de ser. Al perder a nuestro hijito nos dimos cuenta de que nuestra obra era un privilegio que teníamos. Servir a Dios, estar vivos, ser cristianos y ganar niños para Cristo era una bendita responsabilidad. Desde entonces nuestra vida estuvo realmente llena del Espíritu Santo.

¿Quiere Dios acaso que soportemos tanto dolor? No lo creo. Sin embargo, a menudo somos nosotros quienes causamos el dolor cuando rehusamos ir por el camino que Él quiere.

El Señor nos ama.

Es muy paciente y está lleno de gracia, pero no podemos jugar con Dios. Si resistimos su guía y no hacemos caso a su voluntad, nos dejará ir por nuestro camino en la dirección que queremos, cualquiera que ésta sea. Para algunos puede ser la inmoralidad; para otros, drogadicción o alcoholismo; para otros, un colapso emocional. Hay mucho en juego cuando se trata de valores eternos.

Cuando el Señor miró a Pedro, sucedió algo conmovedor. El Señor estaba rodeado de sus acusadores, y vio que Pedro lo negaba. Y cuando cantó el gallo, el Señor Jesús se tomó tiempo para mirar a Pedro. No le habló, ni le hizo ninguna seña. Simplemente lo miró. Debió de haber sido una mirada muy intensa, porque la Biblia dice que Pedro salió y lloró amargamente. Jesús le habló a montones a Pedro con esa mirada, y en el corazón de un Pedro quebrantado, todas las palabras y advertencias de Cristo adquirieron sentido. Lo que meses de enseñanza no habían podido hacer, una silenciosa mirada lo logró en un momento.

De repente Pedro se vio a sí mismo. Lo vio todo y se arrepintió. Imaginemos a este hombre, abrumado por el remordimiento, caminando solo por las afueras de Jerusalén, triste y lloroso. Su Señor había sido arrestado, los discípulos esparcidos, y él estaba solo con el terrible peso de su culpa y las palabras del Maestro resonando en su mente.

Es una suerte, en cierto modo, que la Escritura no nos dé detalles del dolor de Pedro pues pocas personas en la historia terminaron de esa manera a pesar de tan grandes perspectivas y potencial.

## Capítulo 6

# SALE SIMÓN EL DISCÍPULO; ENTRA PEDRO EL APÓSTOL

Jaime, vicepresidente de una importante empresa, había recibido el diagnóstico de que tenía cáncer en la piel (melanoma). Tuvo dos operaciones, pero el cáncer volvió con más ferocidad aun.

Hasta hace poco me confesó Jaime, había luchado por las mías, y pensaba que podría seguir haciéndolo. Luego que me descubrieron el tercer tumor, comencé a darme cuenta de que necesitaba ayuda, pero no sabía con seguridad dónde buscar ni qué buscar.

Jaime se enteró de que nuestro equipo tendría una cruzada evangelística en la ciudad donde él vivía, y concurrió al almuerzo para profesionales y hombres de negocios. Según Jaime, fue el comienzo de su viaje de regreso a Dios tanto para él como para Marcia, su esposa.

La noche siguiente Jaime y Marcia asistieron a la reunión de la cruzada en el centro de convenciones, y ambos rededicaron su vida al Señor.

Cuando llegamos esa noche dijo Jaime, éramos dos. Cuando nos fuimos éramos tres: el Señor, Marcia y yo. ¡Qué equipo increíble!

¿Qué quiere Dios de nosotros? ¿Cuál es su objetivo al probar nuestra fe, al permitir grandes obstáculos que impiden nuestro crecimiento, y al dejar que experimentemos derrotas y dolor? Quiere que tengamos una relación personal con Él. Quiere que en vez de confiar en nosotros mismos, confiemos en Él. Quiere hacernos hombres y mujeres con poder y dedicados a Dios.

Creo que para Pedro ese fue el resultado de su experiencia de conocer a Jesús, experiencia a veces emocionante y otras veces agónica.

En Juan 21.1-19 leemos sobre el siguiente encuentro entre Pedro y Jesús, quien ya había sido crucificado, había resucitado y había sido visto por algunos de los discípulos. Si Pedro ha cambiado, sin duda la Escritura lo dirá.

Después de esto Jesús volvió a presentarse delante de los discípulos junto al lago de Galilea. Sucedió así: Simón Pedro, Tomás el Gemelo, Natanael el de Caná de Galilea, mi hermano Santiago [Jacobo], dos discípulos más y yo, estábamos allí reunidos.

Me voy a pescar dijo Simón Pedro.

Pues nosotros también le dijimos.

Pero en toda la noche no pescamos nada. Al amanecer vimos a un desconocido de pie en la orilla.

¿Pescaron algo, muchachos? nos gritó.

No respondimos.

Pues tiren la red a la mano derecha dijo, y atraparán bastantes peces.

Así lo hicimos, y fue tanto el peso de los peces que atrapamos que no podíamos alzar la red.

¡Es el Señor! le dijo a Pedro el discípulo a quien Jesús amaba.

Pedro, que estaba desnudo hasta la cintura, se puso la túnica, se lanzó al agua y nadó hasta la orilla. Los demás nos quedamos en la barca y arrastramos la sobrecargada red hasta la playa, a más de noventa metros de distancia.

Al llegar, vimos unas brasas encendidas y sobre ellas un pescado que se cocinaba, y pan.

Tráiganme algunos de los pescados que acaban de sacar ordenó Jesús.

Simón Pedro corrió y sacó la red a tierra. Los contó y había ciento cincuenta y tres pescados grandes, a pesar de lo cual la red no se rompió.

¡Vengan y desayunen! ordenó Jesús.

Ninguno de nosotros se atrevió a preguntarle si verdaderamente era el Señor; ¡estábamos seguros de ello!

Entonces nos fue sirviendo pan y pescado. Era la tercera vez que se aparecía ante nosotros desde que regresara de la muerte.

Después del desayuno, Jesús le dijo a Simón Pedro:

Simón, hijo de Jonás, ¿me amas más que los demás?

Sí respondió Pedro, tú sabes que te aprecio mucho.

Entonces alimenta a mis ovejas.

Acto seguido Jesús repitió la pregunta:

Simón, hijo de Jonás, ¿me amas?

Sí, Señor respondió Pedro, tú sabes que te aprecio mucho.

Pastorea a mis ovejas le respondió el Señor.

Pero a la tercera vez le preguntó:

Simón, hijo de Jonás, ¿de veras me aprecias mucho?

Pedro se entristeció por la forma en que Jesús le formuló la tercera pregunta.

Señor le dijo, tú conoces mi corazón. Tú sabes cuánto te aprecio.

Entonces, alimenta a mis corderos. Cuando eras joven podías hacer lo que te parecía e ir a donde querías; mas cuando seas viejo, estirarás los brazos y otros te conducirán y te llevarán a donde no quieras ir.

Jesús dijo esto para dar a conocer el tipo de muerte con la que Pedro habría de glorificar a Dios. Y añadió:

Sígueme.


Dios no procura hacernos religiosos. No trata de ponernos en línea; tampoco procura hacernos dedicados, amargados, serios o autosuficientes. De ninguna manera. Él está tratando de que en nuestra relación con Él seamos controlados por Él. Él quiere que seamos felices, gozosos, libres, llenos de fruto verdaderos hombres, mujeres y niños de Dios.

Él no espera que seamos perfectos, pero desea que aprendamos control. Él no espera que vivamos sin pecado, pero espera madurez de nuestra parte. Tampoco espera que nosotros solos hagamos esto. Él ha empezado la obra en nosotros, y ha prometido terminarla.

## Controlado al fin

Mi esposa y yo conocemos a una mujer que, cuando era una joven viuda, tuvo una aventura amorosa con un hombre. Este, que le había prometido casamiento, le había dicho que era divorciado cuando en realidad no lo era. La mujer quedó embarazada y tuvo un varoncito. Pero se sentía tan culpable y avergonzada, que se mudó del pequeño pueblo donde vivía a una ciudad en otra provincia, y hasta dejó de ir a la iglesia. Un día, arrepentida, se dijo que debía regresar a la iglesia. De modo que todos los domingos se sentaba en el último banco de una pequeña iglesia, y durante todo el culto lloraba con lágrimas de arrepentimiento.

Varios de los ancianos notaron su comportamiento y, luego de saber lo que había ocurrido, le dijeron: Usted obviamente se ha arrepentido, señora. Dios la ha perdonado. No tiene por qué sentirse culpable. Permítanos restaurarla a la comunión de la iglesia porque usted ha sido perdonada.

Al poco tiempo Dios comenzó a usarla para guiar a muchos a Jesucristo.

Si te has alejado del Señor, si en un momento de debilidad o rebeldía has hecho lo que no conviene como cristiano, no te desesperes. Hay esperanza. El Señor te dice: «No permanezcas lejos de mí. Tendré misericordia de ti. Aunque no puedo eliminar de tu mente ciertas cosas que has hecho, eso hará que vivas en quebrantamiento y humildad el resto de tu vida. Quiero restaurarte y darte oportunidades para que me sirvas».

Cuando con humildad reconocemos nuestros fracasos y nos arrepentimos de corazón, Dios continuará usándonos.

Considera el caso de Pedro. Dios continuó la obra en Pedro hasta el día de su muerte, y realizó grandes cosas por medio de él.

Cuando Jesucristo llamó otra vez a Pedro y lo comisionó, Pedro seguramente se sintió confundido. Su negación había sido tan rotunda, sus maldiciones y juramentos tan fuera de lugar, que seguramente sintió que Cristo no le daría otra oportunidad. En realidad, había vuelto a su ocupación de pescador. Sin embargo, no había terminado todo a pesar de lo que él sintiera y de lo que hubiera hecho.

En algún momento muchos cristianos creen que lo que hicieron la semana anterior, el mes anterior o diez años atrás fue tan terrible, que no merecen tener nada que ver con el Señor. Algunos, cuando se sienten abrumados por la culpa, creen que han pecado contra el Espíritu Santo y se sienten sin esperanza. Pero el mismo hecho de que un cristiano sienta tan profunda preocupación, es prueba de que el Dios viviente todavía está obrando en esa vida. Dios está llamando a ese creyente.

Pedro fue el primer discípulo a quien Cristo apareció después de su resurrección (1 Corintios 15.5). Después de haber resucitado, el Señor personalmente fue en busca de Pedro. Él sabía mejor que nadie lo que Pedro había sufrido con la crucifixión de Jesús, por eso lo buscó primero después de resucitar.

Además permitió que Pedro volviera a ser un pescador para recordarle su llamamiento inicial.

Cuando por primera vez Jesús se había encontrado con Pedro, la situación era idéntica. Habían estado pescando sin resultados, el Señor llegó y todo cambió. Cuando Pedro nuevamente descubre la esterilidad de su propio esfuerzo, el Señor se manifiesta. Jesús le hace una promesa mejor que la primera.

Cuando Jesús le preguntó: «Simón, hijo de Jonás, ¿me amas más que los demás?», usó la palabra griega *ágape*, que significa amor divino un amor perfecto que llega al sacrificio, un amor que sólo Dios puede darnos. Cuando Pedro replicó: «Si, Señor, tú sabes que te aprecio mucho, [que soy tu amigo],» no utilizó el griego *ágape* sino *fileo*, que significa simple amistad, aprecio.

El Señor le estaba preguntando a Pedro si lo amaba con aquel amor perfecto que le juró cuando prometió ir a prisión o morir por Él. Pedro, sin embargo, solamente podía declarar que le tenía un gran afecto, una sincera amistad.

Por segunda vez Jesús le preguntó a Pedro si lo amaba con un amor divino, y por segunda vez Pedro sólo pudo expresarle su amistad.

La tercera vez Jesús hizo la pregunta de otra manera. Dijo: «Simón, hijo de Jonás, ¿eres mi amigo? [¿de veras me aprecias mucho?]» Jesús se estaba poniendo en el nivel en que se hallaba Pedro: Me profesas una sincera amistad. ¿Puedo confiar en esa declaración? ¿Estás hablando con sinceridad esta vez?

No es extraño que Pedro se sintiera dolido. Con esta última pregunta de Cristo, Pedro recordó el dolor y remordimiento que había sentido luego de la negación, después de haberle prometido un amor *ágape*, dispuesto al sacrificio. Y Pedro, que finalmente había aprendido la lección y se había visto a sí mismo tal como era, comprendió que era incapaz de prometer nada más que amistad.

Pedro había descubierto una nueva manera de ser sincero. Ya no pretendía que podía dar lo que no había tenido fuerza para dar. Su pretensión había desaparecido; también su arrogancia. Ya no se atrevía a sugerir que conocía las cosas mejor que el Señor. Por primera vez respondió sinceramente: «Señor, tú sabes todas las cosas, tú sabes que soy tu amigo, tú sabes cuánto te aprecio».

Cristo había cambiado la pregunta para Pedro, y no le pedía más de lo que Pedro podía dar. Pero Pedro estaba dando todo lo que Cristo desea de un creyente: un corazón sincero, arrepentido y humilde.

Una vez que Pedro fue lo bastante sincero como para confesar que ni siquiera confiaba en su propio amor hacia el Señor, entonces el Señor le dijo: «Pedro, alimenta a mis ovejas, pastorea a mis ovejas, alimenta a mis corderos». Cristo le dio una nueva comisión.

## Con el poder del Espíritu Santo

Pedro no sólo recibió nuevo llamado y nueva comisión, sino que además recibió el poder del Espíritu Santo y fue enviado como líder de la iglesia naciente (ver Hechos 2). Hasta ese momento todos los encargos previos fueron promesas que Pedro no pudo cumplir. Primero tenía que madurar y crecer.

El Señor le había prometido que crecería y se convertiría en una roca, y el Señor siempre cumple sus promesas. Pero recién en Pentecostés la promesa empezó a convertirse en realidad. Cuando el Espíritu Santo formó la verdadera Iglesia (el cuerpo de Cristo, morada del Espíritu Santo), Pedro empezó a ser la clase de hombre que Jesús tenía en mente cuando años atrás se había encontrado con Pedro en Cesarea y lo había llamado a ser pescador de hombres.

¿Cuán lejos has llegado en tu vida cristiana? ¿Cuántos meses o años han pasado desde que Jesús se hizo cargo de tu vida? ¿Cuántas de tus viejas costumbres han sido relegadas al olvido, y cuánta madurez se ha manifestado en tu vida? ¿Cuánto del modo de ser de Pedro puede ver tu cónyuge en tu hogar? ¿Cuánto del modo de ser de Pedro pueden ver tus hijos cuando hablas y actúas en la familia? ¿Eres un Simón o un Pedro en tu propia iglesia? ¿Eres un cristiano altivo, terco, vanaglorioso y autosuficiente, o eres un creyente amable, lleno de fruto y controlado por Cristo? ¿Has aprendido a verte a ti mismo como Cristo te ve?

¿Has crecido hasta la madurez en Cristo, sea cual fuere tu edad? Hay una gran diferencia entre crecer y hacerse viejo. Muchos se han vuelto viejos pero nunca han crecido. ¿Has crecido en Jesucristo? ¿Puedes decir con sinceridad: «Todavía me falta mucho, no estoy donde debería estar, pero por la gracia de Dios no soy lo que era antes, ni estoy donde estaba antes, sino que estoy con Él?»

Madurez no significa que somos perfectos. Cuando Pedro alcanzó la plenitud del Espíritu en Pentecostés, no era perfecto, pero estaba controlado. No estaba sin pecado, pero estaba creciendo y madurando, y así fue por el resto de sus días.

Esa debiera ser la meta de todo cristiano. No podemos esperar perfección en la tierra.

El Señor mismo dijo que Él debe obrar en cada uno de nosotros hasta que Él vuelva. No seremos perfectos hasta el día en que Jesucristo regrese, pero debemos dejar que Cristo nos controle y debemos crecer día a día.

Tan dinámica fue la vida de Pedro que aún hoy día glorifica a Dios cada vez que leemos su historia. Te animo a estudiar sus epístolas, y a examinar su vida. Verás a un hombre débil que se encontró con Cristo cara a cara, un hombre cuya vida sigue produciendo fruto después de casi 2000 años de su muerte.

Dios promete una gran herencia a quienes viven vidas de justicia y dedicación a Él. El salmo 112 nos dice: *¡Alabado sea el Señor! Porque todos los que temen a Dios y confían en Él son indescriptiblemente bendecidos. Dichoso el hombre que se deleita en cumplir sus mandamientos... Da generosamente a los necesitados. Sus acciones jamás serán olvidadas. Tendrá influencia y honra* (vv. 1,9).

Si el Señor Jesús no vuelve a la tierra en esta generación, y nosotros morimos, ¿no sería magnífico que después de muchos años la gente pudiera aprender algo de Jesucristo a través de nuestra vida?

San Agustín era ese tipo de persona. Aunque nació en el año 354, su vida todavía habla a los creyentes. Leemos sus palabras escritas hace tanto tiempo, y vemos a un hombre que vivió bajo el control de Cristo a pesar de sus debilidades.

Dios usó a Martín Lutero (que nació en 1483) para cambiar la historia de la iglesia cristiana. Hoy, casi 500 años después de su muerte, Dios sigue hablando a los creyentes a través de su ejemplo, su valentía y su convicción.

Juan Calvino y muchos otros murieron hace años, pero Dios aún habla a los cristianos por el ejemplo de la dedicación de estos creyentes.

La vida de muchas otras personas sencillas todavía hablan del mensaje, bendición y promesas de Dios. ¿Qué mostrará tu vida dentro de 20, 100 o 500 años? ¿Cómo recordarán tu vida los demás?

El Señor no deseaba anular y aplastar a Pedro, sino que quería hacer de él uno de los más grandes hombres de la historia. Pero para eso había que quitar de el medio a Pedro y tomar control de su vida. Aunque Pedro no era perfecto, desde el día de Pentecostés el aroma, sabor y perfume de Cristo se hicieron evidentes en su vida. Todavía podemos aspirar el perfume de Cristo cuando hoy estudiamos la historia de este apóstol.

Pablo dijo: *Estoy crucificado con Cristo, y ya no vivo yo, mas Cristo vive en mí. Y esta vida verdadera que ahora tengo es el resultado de creer en el Hijo de Dios, quien me amó y se entregó por mí* (Gálatas 2.20).

Cuando yo descubrí ese simple secreto, toda mi vida se transformó. Le agradezco a Dios por las personas que Él usó para poner su mano divina en mi vida hasta que comencé a sentir dolor. El dolor de verme como me veía Dios me hizo caer en la cuenta de que lo importante no era lo que yo iba a hacer para Dios, sino lo que Cristo iba a hacer a través de mí.

# Capítulo 7

# PEDRO Y LA PROMESA

¡Sabía tanto sobre la Biblia! ¡Tenía un ministerio tan magnífico! ¿Cómo le pudo suceder?

A menudo me han hecho preguntas de ese tipo ante la caída de líderes cristianos por motivos de dinero, cuestiones sexuales u orgullo.

La pregunta que, aunque no se haga, queda flotando en el aire es: «Si le sucedió a alguien tan espiritual, ¿yo también voy a caer?»

Todos somos vulnerables solía contestar yo. Le podría pasar a cualquiera y así me hacía eco de lo que otros cristianos han dicho en el pasado.

Hace un tiempo conocí a un hombre de mediana edad que considero uno de los evangelistas más agradables que haya escuchado. Sin embargo, tenía una actitud nada santa hacia el

dinero, y solía tomar dinero que no era suyo. Ya no es evangelista. Está haciendo otra cosa cuando debiera estar ganando
almas.

Asimismo me causó gran dolor enterarme de que un joven
evangelista con quien trabajé en el pasado, dejó a su esposa e
hijos, y abandonó su ministerio por causa de las pasiones de la
carne. Durante años y en forma secreta había sido adicto a la
pornografía mientras que, por otro lado, predicaba contra la
inmoralidad. Pero sucedió lo inevitable. Comenzó a cometer
adulterio. Tuvo aventuras extramatrimoniales en varias ciuda-
des. Finalmente la verdad salió a la luz, y él abandonó a su
familia.

Cuando se descubrió la verdad, me estremeció. Parecía
comprobar la premisa de que todos somos susceptibles al
fracaso moral.

Hoy ya no estoy seguro de que sea así. Ahora creo que esa
manera de pensar lleva al fatalismo, huele a falsa humildad y
se opone a la Escritura.

## El fracaso no es inevitable

No es cierto que todos seamos vulnerables. No lo somos si
permanecemos en la Palabra de Dios, si caminamos en el
Espíritu, si obedecemos a Jesucristo. Leemos en 2 Pedro 1.10
*Así que, amados hermanos, procuren demostrar que pueden*
*ser contados entre los que Dios ha llamado y escogido. Así*
*nunca tropezarán ni caerán.*

Pedro no está usando un lenguaje florido, ni está tratando
de quitarnos el miedo. Estas palabras se encuentran en la Biblia.
Dios mismo nos dice que si procuramos demostrar que Dios
nos ha llamado y escogido, nunca tropezaremos ni caeremos.
¡Qué grandiosa promesa!

En el mismo capítulo Pedro había dicho: *Porque a medida que lo conozcan mejor, Él en su gran poder les dará lo que necesitan para llevar una vida verdaderamente piadosa. ¡Él comparte con nosotros hasta su propia gloria y excelencia!* (2 Pedro 1.3).

En Jesucristo tenemos «todo poder». Ese poder es lo que nos permite vivir una vida consagrada a Dios.

Dios no quiere que hagamos naufragar nuestra fe, que hagamos pedazos nuestro hogar, que deshonremos a nuestra iglesia ni que destruyamos el ministerio que nos ha encomendado. Es por eso que contamos con su presencia, y que ha planeado la vida cristiana de manera que podamos ser victoriosos.

## Paredes de protección

Para que estemos seguros en sus brazos, Dios ha establecido varias y sólidas paredes de protección: la Palabra de Dios, incluyendo sus leyes morales; el Cuerpo de Cristo, en especial nuestra iglesia local; la presencia del Espíritu Santo, que es sumamente sensible al pecado en nuestra vida.

Pero no podemos quedarnos sentados pasivamente, esperando que Dios nos proteja cuando viene la tentación. Como reconoció Juan Wesley durante el gran avivamiento de su tiempo, los cristianos serán guardados de caer a medida que crezcan en gracia y caminen hacia la madurez. Paradójicamente, no moverse es correr peligro de ir hacia atrás.

Te animo a entrar en acción. En primer lugar, no comiences chismes ni te alegres cuando alguien peca de manera evidente. Jamás debemos gozarnos interiormente cuando algún hermano cae. En vista de que las tentaciones nos llegan a todos por igual, la Escritura nos llama a caminar humildemente en el temor del Señor.

En segundo lugar, toma una decisión radical: ser santo así como Dios es santo. Ora a Dios pidiendo ayuda en tu área de debilidad. Es lo que hice al comienzo de mi ministerio. Le dije a Dios cómo me comportaba específicamente en ciertas situaciones. Me abochornaba y reconocía que Dios ya lo sabía, pero me hizo bien decirle. Luego fui a Gálatas 2.20 y reafirmé mi resolución de ser crucificado con Cristo. Tomé la decisión de ser santo en todas las circunstancias, sin excepciones.

En tercer lugar, comienza a reunirte con uno o más amigos cristianos ante quienes seas responsable de lo que hagas. Comparte con ellos cuál es el área en que eres débil no necesitas darles muchos detalles. Pídeles que te sostengan en oración y que ante ellos seas responsable de tus acciones. Todos los miércoles me reúno con un grupo de hombres de Dios para conversar y orar, y he descubierto que hay grandes beneficios.

En cuarto lugar, comienza otra vez a leer la Biblia con regularidad. Hace varios años, cuando líderes cristianos empezaron a caer, uno tras otro, le pregunté a Dick Hillis, mi consejero espiritual: ¿Por qué todos estos cristianos están cayendo tan horrorosamente?

Dick Hillis pensó y pensó. Luego de caminar con el Señor durante sesenta años, su opinión era confiable. Finalmente respondió: Creo que porque leían mucho sobre la Biblia, pero no leían la Biblia en sí.

Cuanto más lo consideraba, más me daba cuenta de que Hillis tenía razón. Nada puede ocupar el lugar de la Palabra de Dios, ni siquiera los mejores comentarios bíblicos. Es cierto que un evangelista, un predicador o un maestro debe preocuparse por estar informado y leer todo lo que pueda. Pero necesitamos saturarnos con la Palabra de Dios, como el salmista dijo «para que me guarden del pecado» (Salmo 119.11).

Y al leer la Biblia, tener contacto con hombres y mujeres de Dios, y seguir la dirección del Espíritu Santo, estamos protegidos y seguros en los brazos de Dios.

## Ten cuidado con la tentación

Eso no significa que no seremos tentados a trepar por encima de esas paredes de protección. Por esta razón debemos tener cuidado de varios errores aparentemente inocentes que nos hacen vulnerables a los ataques de Satanás: descuido y oportunidad, presunción y confianza en nosotros mismos.

Quizás comenzamos a apurarnos con la lectura de la Biblia o la oración porque en realidad no tenemos mucho tiempo. Quizás nos permitimos estar en situaciones de tentación. Tal vez estamos tratando de servir a Dios en nuestras fuerzas en vez de hacerlo en el poder del Espíritu. Tal vez nos sintamos orgullosos después de haber tenido una victoria sobre la tentación. Suceda de la manera que sucediere, nace el descuido, y allí es cuando Satanás ataca. Aparece la oportunidad, y caemos en pecado.

La presunción y la confianza en uno mismo también nos hacen tropezar. Olvidamos llevar nuestra cruz y creemos que, después de todo, ser cristiano no es tan difícil como la Biblia sugiere.

¿Alguna vez te has levantado por la mañana tomando la determinación de ser un cristiano modelo todo el día?

Hoy voy a ser puro te dices. No voy a permitir pensamientos impuros. No voy a enojarme. No voy a codiciar. Hoy voy a ser santo.

¿Y qué sucede? Pasa una hora y fracasas. Te enteras de que a pesar de ser lunes tu vecino sale de paseo en su auto último modelo, y quisieras tener tanto dinero como él para poder tomarte el día. Le gritas al automovilista que hizo una mala maniobra en la autopista. Ves algo que produce una cadena de pensamientos codiciosos. La confianza en nosotros mismos no nos guardará de caer, y no es un buen sustituto para el diario caminar con Dios y la confianza en el poder divino.

Pero no tenemos que caer en esa trampa. La Biblia promete: *Los malos deseos que les hayan sobrevenido no son ni nuevos ni diferentes. Muchísimos han pasado exactamente por los mismos problemas. Ninguna tentación es irresistible. Puedes estar confiado en la fidelidad de Dios, que no dejará que la tentación sea más fuerte de lo que puedes resistir; Dios lo prometió y jamás falta a su palabra. Ya verás que te muestra la manera de escapar de la tentación, para que puedas resistirla con paciencia* (1 Corintios 10.13). No somos indefensas víctimas de los ardides de Satanás. Él sólo puede vencernos si se lo permitimos. Recuerda la promesa a Pedro: *Así nunca tropezarán ni caerán.*

### Resistir la tentación

Cuando somos tentados, tenemos tres recursos. En primer lugar, tenemos *la mente de Cristo.* En 1 Corintios 2.16 Dios nos dice que la mente de Cristo ahora es nuestra. Si por fe nos apropiamos de su promesa, nuestra forma de pensar será la correcta. Esto no elimina la tentación, pero nos ayuda a que nuestra manera de pensar vaya de la mano con lo que desea Cristo.

En segundo lugar, *el poder interior del Espíritu Santo* nos ayuda a implementar que nuestros pensamientos sean los de la mente de Cristo. Viviendo en nuestras fuerzas sin duda alguna habremos de caer. Pero cuando ponemos nuestra confianza en el poder interno del Espíritu Santo, podemos vencer.

Un amigo mío decía a menudo: «Ay del hombre que tiene que aprender principios de conducta en los tiempos de crisis». Es un buen consejo. Para permanecer firmes, debemos aprender a confiar en Jesucristo antes que llegue la crisis.

Un día estaba en un aeropuerto y observé cómo algunos adolescentes estaban despidiéndose de una de sus amigas. Uno de ellos le dijo: «Buena suerte, Anita». Anita tomó un amuleto que tenía colgado del cuello, comenzó a acariciarlo y le contestó a su amigo:

Con este amuleto seguro que tendré buena suerte.

Anita creía que estaba preparada para todo porque llevaba un amuleto. Es una tontería, pero a menudo los cristianos confían en un amuleto espiritual para que los proteja de Satanás. Creen que ir a la iglesia o tener una Biblia los guardará de los ataques del diablo.

En tercer lugar, *lo que entra en nuestra mente debe ser adecuado.* La Biblia dice: *Centren ustedes el pensamiento en lo que es verdadero, noble y justo. Piensen en lo que es puro, amable y honorable, y en las virtudes de los demás. Piensen en todo aquello por lo cual pueden alabar a Dios y estar contentos. Sigan poniendo en práctica lo que aprendieron, recibieron, oyeron y vieron en mí, y el Dios de paz estará con ustedes* (Filipenses 4.8-9). Lo que entra en nuestra mente afecta toda nuestra personalidad.

La tentación nunca desaparece, ni siquiera para el más santo de los creyentes. Pero con el poder interno del Espíritu Santo podemos vencer la impureza de la mente y las pasiones mal encaminadas.

El Señor no quiere que vivamos con pánico, temerosos de que podemos ser los próximos en caer. *Jesucristo tiene poder para conservarlos sin caída, y con gozo eterno presentarlos irreprensibles y perfectos ante su gloriosa presencia* (Judas 24).

No vivamos obsesionados de que vamos a caer. No necesitamos tener miedo del mundo, de que nuestra sexualidad o lo que fuere nos destruirá. Si estamos caminando con Cristo y creciendo en Él, la Escritura dice que nunca caeremos. ¡Es una promesa!

## Cuando Cristo toma el control

El Cristo que convirtió a Pedro en el gran apóstol, es el mismo Cristo que viven en ti y en mí. Él puede transformarnos en los hombres y mujeres que quiere que seamos, pero para que lo haga debemos entregarle el control de nuestra vida. Lo único que nos pide es que se lo permitamos. Y cuando Él tiene el control, es asombroso lo que puede hacer a través de nosotros.

La vida de Pedro hace surgir importantes cuestiones para todo cristiano que lucha a fin de seguir a Cristo. ¿Dónde estás tú a la luz de las promesas de Dios para ti, de los propósitos de Dios para ti? ¿Está Dios obrando en tu vida, o has resistido su voz durante tanto tiempo y te has alejado tanto que ya no puedes oír su voz? ¿Has vuelto a la tarea de pescador mientras que el Señor te llama desde la orilla? Si es así, tírate al agua, nada rápidamente hacia donde está Jesús, y escucha su llamado y su comisión. Cuando vayas a Él, podrás decir: *Y ya no vivo yo mas Cristo vive en mí. Y esta vida verdadera es el resultado de creer en el Hijo de Dios, quien me amó y se entregó por mí.*

# CORRESPONDENCIA

Si este libro te ha motivado a permitir que Jesucristo tome control de tu vida, si necesitas ayuda espiritual, o si de alguna manera te podemos ayudar en tu caminar con Cristo, escríbeme a:

Luis Palau
Apartado 15
Guatemala, c.p. 01901
Guatemala